DE L'ABBÉ PARAMELLE

ET DES DIVERS MOYENS

D'AMENER DES EAUX A NISMES.

Par M. le Docteur

JULES TEISSIER-ROLLAND.

(1e partie).

NISMES,
IMPRIMERIE BALLIVET ET FABRE,
rue de l'Hôtel-de-ville, 11.

1842.

AVERTISSEMENT.

Depuis la publication des articles de M. TEISSIER, *dans le* Courrier du Gard, *que plusieurs autres journaux ont reproduits, un grand nombre de personnes se sont adressées à nous pour se les procurer ; ne pouvant satisfaire à leur demande, nous avons pris le parti de les réimprimer, et* M. TEISSIER *a bien voulu accéder à notre désir en nous y autorisant.*

Comme son intention est de revoir et de remanier plus tard ce travail, pour le faire entrer dans l'histoire complète dont il s'occupe, SUR LES MOYENS D'AMENER DES EAUX A NISMES, *il n'a fait aucun changement à ces articles, il a voulu qu'ils fussent tirés de nouveau, tels que le journal les avait publiés et avec leurs dates respectives.*

DE

L'ABBÉ PARAMELLE

ET DE SON SYSTÈME.

DE

L'ABBÉ PARAMELLE

ET DE SON SYSTÈME. (1)

Pour la seconde fois, M. l'abbé Paramelle est venu dans le département du Gard, et, pour la seconde fois, le public s'est préoccupé de ses recherches, de ses procédés et des résultats qu'il peut obtenir. Plusieurs journaux ont cherché à deviner sa théorie ou son système; le *Journal du Lot*, l'*Écho d'Alais* et la *Gazette du Bas-Languedoc*, nous ont déjà donné des articles à ce sujet. Les uns raisonnent, les autres déraisonnent; permis à chacun : mais on ne s'entend guère, et la question n'avance pas.

J'ai vu M. Paramelle, je l'ai suivi, j'ai eu l'honneur de causer avec lui; je n'ai reçu aucune communication confidentielle, mais, en le voyant opérer, je crois avoir saisi ses idées fondamentales, et comme elles me paraissent justes, logiques, pouvant entrer dans le domaine de la science, et tout-à-fait hors de

(1) Extrait du *Courrier du Gard*, des 30 mars, 1er et 5 avril.

celui du *miracle*, je vais tâcher d'exposer ici ce que je crois avoir compris.

Cet article ne saurait en rien compromettre M. l'abbé Paramelle. S'il trouve que je n'ai pas saisi sa doctrine, que je la tronque ou que je la défigure, ma faute sera bien involontaire, et je lui en demande pardon. S'il répudie tout-à-fait ce que je vais dire, et ne veut pas le reconnaître pour sien, je ne m'en fâcherai pas non plus, car je crois bonne la théorie que je vais exposer, et je ne me plaindrai pas si elle reste à mes périls et risques et si j'en suis l'inventeur sans m'en douter.

Les idées de M. Paramelle sont-elles actuellement assez complètes, assez arrêtées, assez bien coordonnées entr'elles pour former un corps de doctrine? c'est ce que j'ignore. Mais je ne doute pas que son but ne soit d'en arriver là, et de faire passer à l'état de science ce qui n'était avant lui qu'un empirisme superficiel sans règles et sans principes.

La publication de ses idées, quand il jugera convenable de s'y livrer, sera sans aucun doute infiniment utile, car lui seul a fait assez d'observations pratiques pour fonder une doctrine approfondie. Qu'il ne craigne pas d'ailleurs de perdre, en publiant ses idées, aucun des avantages de sa position particulière d'explorateur, car de longtemps la théorie seule ne pourra remplacer la supériorité que donne une longue pratique sur le terrain et un tact tout spécial.

En attendant donc que lui, ses élèves ou ses

émules puissent formuler la science nouvelle, voici ce que je crois en avoir compris.

Amené sur le terain, M. l'abbé Paramelle est consulté pour savoir :

1° S'il existe une source? 2° Si elle est abondante? 3° A quelle place elle se trouve? 4° A quelle profondeur? Voyons comment on peut, du moins d'une manière probable, résoudre ces diverses questions.

I.

Existe-t-il une Source ?

Pour que dans un terrain quelconque il puisse y avoir une source, il faut d'abord qu'il soit perméable à l'eau de pluie, car si le terrain est imperméable et parfaitement compacte, l'eau de pluie, au lieu de s'infiltrer, glisse à la surface, descend dans les ravins, et l'intérieur du sol reste toujours sec et aride; ainsi, toute source serait impossible, on le comprend, dans l'intérieur d'un monticule isolé qu'on recouvrirait d'une toiture.

Il faut aussi que la terre ne soit pas trop perméable, car, dans ce cas, l'eau de pluie descendant trop vite par sa pesanteur, le traverserait sans s'y arrêter et s'écoulerait dans les premiers temps qui suivraient. Les terrains trop perméables absorbent l'eau, sont traversés par elle peu de temps après l'orage, mais ils ne sauraient offrir de sources pérennes, car, pour peu que la sécheresse dure, tout liquide a disparu de l'intérieur. Peu de temps après la pluie il ne peut rester d'eau dans un monticule de cailloux.

Après avoir ainsi éliminé les terrains imperméables et les terrains très-poreux, et considéré comme seuls favorables à l'invention des sources les terrains qui ne se laissent pénétrer par les eaux que petit-à-petit, et qui ont une certaine profondeur comme la plupart des terrains fertiles, c'est-à-dire les terrains meubles de diluvium, d'alluvions, de transport ou de décomposition de roches anciennes et modernes, il faut, pour que la source existe réellement, que sous ces terrains perméables à un juste degré, se trouve une couche de terrain imperméable qui retienne les eaux, qui leur permette de s'arrêter, et de se réunir. Là, elles passent de l'état d'instillation goutte à goutte entre les molécules du terrain perméable, à l'état de filet d'eau, de petit courant, de source souterraine qui se forme sur la couche que l'eau ne peut traverser. L'observation seule fait distinguer les terrains perméables au degré convenable, et les fait distinguer de la couche qui doit arrêter les eaux.

Ainsi donc, pour qu'il y ait une source, il faut que le sol reçoive la pluie, ne la rejette pas, mais s'en pénètre, s'en imbibe, et la laisse descendre petit à petit jusqu'à un sous-sol compacte qui arrête l'eau, la réunisse et la dirige souterrainement vers une ouverture naturelle ou artificielle où elle s'épanche. Si le sol rejette l'eau, point de source : l'eau des pluies coule en nappe à la surface; si le sol crible et tamise l'eau trop vite, point de source aussi; car, peu après la pluie, l'eau s'est complètement dégorgée entre le sol et le sous-sol. S'il n'y a pas de sous-sol imperméable, l'eau descendra toujours soit en réseau, soit goutte à goutte, jusqu'au niveau des rivières ou de la mer, et ne pourra être atteinte et utilisée par le propriétaire.

Mais, abstraction faite du volume, on peut dire qu'il y a *source* partout où, sous un terrain convenablement perméable, il y a une couche qui ne l'est pas.

II.

La Source existant dans un fonds, sera-t-elle abondante ?

L'importance des rivières dépend du nombre et de la force de leurs affluens ; il en est de même pour les sources, quoiqu'elles se dérobent à l'œil ainsi que les petits affluens dont elles se composent.

Il faut trois choses pour qu'une source soit abondante et pérenne : d'abord, une aire ou surface étendue recevant l'eau de la pluie destinée à la former ; ensuite une juste proportion dans la perméabilité du sol qui fasse que, depuis les dernières pluies du printemps, par exemple, le terrain ne soit pas complètement desséché jusqu'aux premières pluies d'automne ; enfin une couche imperméable inférieure disposée de manière à diriger et réunir toute l'eau sur un seul point. Ce qui se passe sous terre pour les sources, nous le répétons, est entièrement semblable à ce qui se passe à découvert pour les rivières.

Chaque rivière a son bassin géographique qui est

l'ensemble de toutes les pentes qui y dirigent leurs eaux. La rivière est le tronc, les affluens sont les branches, les ruisseaux sont les rameaux. Toutes les vallées secondaires et tertiaires répondent à la vallée principale pour former la rivière ; eh ! bien, les sources sont les feuilles de ces rameaux qui ont aussi leur pétiole, puis leurs nervures et leurs vaisseaux les plus délicats cachés dans le parenchyme. Chaque source a sa galerie principale souterraine, puis ses galeries secondaires et tertiaires, jusqu'aux dernières parcelles du terrain entre lesquelles l'eau suinte.

Il y a donc là un petit bassin géologique dans lequel se réunissent toutes les eaux pluviales que la source peut recevoir, et ce bassin à fond imperméable, recouvert de tous les terrains poreux, est divisé comme s'il était à l'aspect du ciel, en divers étages de vallées, depuis le talweg inférieur jusqu'à la ligne de faîte ou de partage avec les sources voisines.

Comblez mentalement et d'une manière uniforme toute la vallée d'un cours d'eau, et vous le transformerez en une source souterraine. Vous pouvez de même, par la pensée, d'une source faire un ruisseau en la supposant dénudée de tous les terrains poreux qui recouvrent le terrain imperméable de son petit bassin géologique.

C'est ce que M. Paramelle appelle faire l'anatomie des terrains, par rapport aux sources, et quand il a fait dans son esprit cette décortication locale du sol, il peut conclure hardiment qu'une source est considérable quand son bassin est étendu, c'est à dire quand la ligne de faîte qui sépare cette source de toutes les autres enceint un grand espace, et, de plus, quand le terrain qui la recouvre a le degré convenable de perméabilité.

La source est faible, au contraire, quand son bassin géologique est exigu et que le terrain de recouvrement est trop ou trop peu perméable. Dans le premier cas la source ne peut être pérenne, dans le second elle est faible, parce que, pendant la pluie, une partie de l'eau s'écoule et se perd à la surface.

III.

Du lieu précis de la Source.

Jusqu'ici nous nous sommes appliqué à faire comprendre comment, par l'étude du sol, on pouvait déterminer avec assez de probabilité s'il renfermait des sources et si elles pouvaient avoir de l'importance; il reste maintenant à s'enquérir du lieu précis où les sources passent, pour déterminer exactement où les fouilles doivent être faites.

Pour éclairer ce point, les procédés sont les mêmes que pour l'appréciation du volume des eaux ; il faut encore faire mentalement l'anatomie géologique du sol. Il faut, par la pensée, enlever, faire disparaitre tout le terrain perméable, pour ne laisser en place que le terrain compact sur lequel la source coule ; on conçoit que cette dénudation du terrain solide a pour but d'en connaitre la forme, d'estimer où peuvent être les points les plus déclives, d'en déterminer le talweg en le considérant comme une petite vallée, car c'est là qu'est la source, elle ne peut pas être ailleurs.

Pour arriver avec quelque probabilité à ce résultat, il faut non-seulement étudier avec attention la surface, la configuration extérieure et apparente du pays, mais il faut encore étudier sa constitution géologique, ses accidens principaux, la nature de ses roches, l'allure des couches, des filons et des affleuremens, car on ne doit négliger aucun secours pour la solution d'un problème aussi difficile. L'explorateur doit donc être géologue, et géologue praticien, ne se bornant pas aux études de cabinet; il doit avoir longtemps couru les plaines et les montagnes pour se donner un coup-d'œil sûr par des investigations sans cesse renouvelées et que rien ne peut remplacer. Voilà ce qui donne à M. l'abbé Paramelle de si grands avantages. A des distances considérables, il dépouille avec une rapidité merveilleuse et un tact sûr, les roches subordonnées des terrains meubles qui les recouvrent, et indique avec une facilité qu'on dirait instinctive, si l'on ne savait qu'il n'y est arrivé que par des études opiniâtres, la forme des couches compactes ou rocheuses qui l'intéressent, l'emplacement de leurs dépressions, et, par conséquent, l'emplacement des cours d'eau. Quand il indique sur ces données un courant d'eau souterrain, on peut sourire d'incrédulité, et cependant, une expérience de plusieurs années, dans plusieurs départemens, prouve qu'il rencontre juste bien souvent, et tout le monde a pu le voir indiquer de très-loin, à l'aspect général du pays, l'emplacement des sources connues, que lui seul n'avait jamais vues et dont il n'avait pu s'approcher.

Des indices qui échappent à des yeux moins exercés sont souvent pour lui les plus utiles. Une roche inclinée à peine visible, un mamelon rocheux, un affleurement, la direction des crêtes, la correspondance des angles des montagnes, les ondulations du sol voisines de l'endroit visité, l'aspect de la végétation, mille petits détails insaisissables pour des explorateurs moins habiles, tout cela éclaire, illumine instantanément sa pensée; son opinion est bientôt formée, et il vous dit en frappant la terre de sa canne: *C'est là qu'est la source.*

Ces mots si laconiques peuvent se traduire ainsi: Sous le terrain meuble et perméable que vous voyez, il existe un autre terrain solide, imperméable, dont la forme peut être entièrement différente du sol de la surface. Cette forme d'un terrain caché, vous ne la connaissez pas, et, sans cela pourtant, vous ne pouvez trouver une source que par hasard, et quand on se livre au hasard, les probabilités de reussir sont bien faibles. Eh! bien, cette forme cachée, on peut la déterminer avec de très-grandes probabilités, par des rapports, des analogies, des inductions qui échappent au vulgaire, et que M. Paramelle étudie, compare, et dont il sait déjà puissamment s'éclairer.

Voyez-vous ce monticule de terrain meuble? recouvre-t-il une arète du terrain solide? Au contraire, il en recouvre la dépression la plus profonde; creusezlà, vous trouverez la source, elle ne peut être ailleurs. Qu'auraient fait vos paysans, vos fermiers, en se livrant à des fouilles de recherche? qu'aurions-nous fait nous-mêmes? nous aurions fait creuser au point le plus déclive du terrain meuble, et nous serions tombés sur une arète du terrain solide où il n'y aura jamais d'eau; c'est là ce qui arrive tous les jours.

Un exemple pour me faire comprendre : L'eau court dans les rigoles latérales de nos rues; comblez une de ces rues de sable jusqu'au premier étage des maisons. Les eaux pluviales se feront un lit peu-à-peu sur cette couche de sable, elles creuseront probablement un ravin au milieu de la rue, car les bords sont protégés par les maisons. Si l'on veut, dans cet état, chercher une eau pérenne que le sable ne retient pas, il semble naturel de creuser au milieu de la rue : pas du tout; malgré la forme apparente de la surface du sable, c'est sur les côtés qu'il faut creuser; au milieu de la rue se trouve le bombement de la chaussée, et c'est sur les deux bords que se trouvent les ruisseaux où circule l'eau de pluie filtrée par le sable qui représente parfaitement nos terrains meubles et de transport placés accidentellement sur les couches solides du globe.

C'est donc toujours l'anatomie de la terre qu'il faut faire dans son esprit pour découvrir la ligne de passage probable des sources souterraines. Cette anatomie, fille de l'observation, ne doit pas être taxée de charlatanisme : elle doit être incertaine et vacillante à ses débuts, il n'en peut être autrement; mais graces aux idées fondamentales de M. Paramelle, dont on ne saurait contester la vérité, graces à ses travaux et à ceux des observateurs qui, bientôt sans doute, marcheront sur ses traces ; cette anatomie entrera petit à petit dans le domaine incontesté de la science géologique. Passons au dernier point qui nous reste à examiner.

IV.

Une source étant indiquée, à quelle profondeur se trouvera-t-elle ?

Les principes qui nous ont amené à la solution du point précédent nous conduisent encore à la solution de celui-ci.

Il s'agit d'abstraire encore par la pensée le terrain meuble ou perméable, et de se faire une idée juste de la forme du terrain imperméable qui le soutient. Là se trouve tout le problème. Isoler par la pensée le sur-sol du sous-sol géologique, apprécier habilement la direction, l'inclinaison, les accidens des couches ; en l'absence des preuves directes, calculer subtilement les probabilités, et féconder l'analogie, voilà ce qu'il faut faire. En l'absence des prémices locaux dont on puisse déduire des conséquences scientifiques, le souvenir des cas analogues est un secours précieux, un puissant moyen d'induction pour celui qui a beaucoup vu. C'est ce que fait un mineur habile pour retrouver un filon qui se perd, et cette habitude d'observation placera pendant bien longtemps

M l'abbé Paramelle au dessus de tous ceux qui entreprendront de suivre la même carrière.

Au reste, nous l'avons déjà fait pressentir, M. Paramelle est loin de n'être qu'un simple et laborieux observateur, et ce n'est pas sur le résultat de ses expériences seules qu'il veut fonder la science. Pendant la belle saison il voyage et il observe, mais il étudie pendant la mauvaise.

Il me disait : Je regrette de ne savoir ni l'anglais, ni l'allemand, car ces deux langues sont les plus riches en écrits sur la géologie. Quant à ce qui se publie en français sur cette science, j'achète tout ce que je puis me procurer, et je tâche de tout lire.

Pour moi, M. Paramelle est donc un homme instruit dans sa spécialité, qui a beaucoup lu, beaucoup observé, et qui peut nous enseigner des choses très-curieuses et très-utiles. Sans avoir dans ses indications une foi irréfragable qu'il n'a pas lui-même et et que l'évènement vient souvent démentir, il serait inconvenant et injuste, parce qu'on ne comprend pas ses procédés, de les taxer de charlatanisme.

S'il a un peu de rudesse montagnarde, il en a la finesse aussi, et ses manières ne nuisent pas au succès de ses courses. Cette rondeur plaît aux gens de la campagne, avec lesquels il est le plus souvent en contact ; elle coupe court d'ailleurs aux questions oiseuses et sans cessse renaissantes dont serait constamment accablé l'homme qui s'occupe de choses nouvelles, merveilleuses en apparence, et devant un auditoire intéressé, peu discret et tous les jours renouvelé. Loin de lui nuire, sa façon d'agir lui attire souvent plus de confiance, ménage toujours son temps, et le délivre de l'obsession de la plupart des propriétaires qui ne finiraient jamais sur ce qui les touche.

On sent bien que je ne puis ici qu'effleurer une doctrine nouvelle que je connais peut-être très-mal. Je n'ai eu d'autre but que de prouver qu'elle peut avoir des bases rationnelles, et d'en indiquer les points fondamentaux. Si je voulais entrer dans les détails, aborder les exceptions et les applications spéciales, je ne ferais plus un article de journal, il me faudrait un gros volume, je m'arrête donc à cette exposition des généralités.

Ce que j'ai dit suffira pour faire comprendre, sans que je donne des assurances exagérées, que les propriétaires qui ont besoin de trouver de l'eau dans leurs domaines, feront bien, au moyen d'une avance très-légère, d'appeler M. l'abbé Paramelle chez eux et d'avoir recours à son expérience et à ses lumières. C'est une démarche raisonnable, de bonne administration, qui peut être très-utile, et l'on aurait grand tort de négliger une occasion qui peut ne plus se représenter.

Ce que les simples particuliers doivent faire, les villes qui manquent d'eau, doivent le faire avec encore plus d'empressement et à plus juste titre. Appeler M. l'abbé Paramelle à explorer attentivement leur territoire est un devoir pour leurs administrateurs.

Nismes se trouve malheureusement dans cette catégorie; aussi l'étude du système que j'expose m'a-telle naturellement amené à réfléchir sur le besoin impérieux qu'a la ville de se procurer un plus grand volume d'eau ; j'examinerai rapidement cette question vitale dans un ou deux articles qui suivront celui-ci, et après avoir brièvement rappelé les divers projets mis en avant à diverses époques pour satisfaire à ce besoin de la cité, j'insisterai sur la convenance de prier M. Paramelle de rechercher si l'on ne pourrait pas espérer d'obtenir, sans sortir du territoire, la quantité d'eaux vives nécessaires à nos besoins.

Je finis par quelques mots de critique un article déjà bien long, car l'usage, si ce n'est la raison, veut qu'il n'y ait pas d'exposition, d'annonce et d'article de journal, sans un bout de critique. M. l'abbé Paramelle me pardonnera, j'espère, quelques réflexions qui témoigneront du moins de mon impartialité.

Je trouve que M. Paramelle traverse trop rapidement les pays qu'il explore ; il les visite en courant : ce ne peut être la bonne manière, et je suis sûr qu'il commet ainsi bien des erreurs qu'il éviterait autrement. Il me disait qu'une fois sur deux, l'évènement justifiait ses prédictions ; il devinerait plus souvent si, restant un mois dans chaque commune, il l'étudiait géologiquement, en général, dans son ensemble et sous tous ses aspects, avant d'aller d'une propriété à l'autre indiquer des sources aux particuliers, suivant leur rang d'inscription sur la liste.

Chacun comprend, en effet, que dans des recherches de ce genre il faut conclure du général au particulier; on voit tout de suite, sans être géologue, qu'il faut connaître non-seulement une localité bornée, mais encore les montagnes et les vallées environnantes, pour se prononcer sur l'existence des cours d'eau souterrains et surtout des plus considérables, qui, à cause de leur volume, ont nécessairement des racines plus étendues et des affluens plus éloignés.

Ainsi, si la Fontaine de Nismes, si celle de Vaucluse ne paraissaient pas au jour, M. Paramelle indiquerait à coup sûr un bon puits, à l'endroit où elles surgissent et par l'inspection de la localité; mais, pour indiquer avec leur admirable volume, les deux plus belles sources du monde, il aurait fallu que, préalablement, et sur plusieurs lieues de surface, il eût exploré tous les terrains d'alentour. C'est là un vice capital, je ne dis pas de son système, de sa théorie, qui n'en sont pas moins justes et n'y sont pas intéressés, mais de sa manière de procéder.

Pour remédier à ce grave inconvénient, il faudrait que M. Paramelle changeât sa manière d'agir, tout au moins en traitant avec une ville importante qui aurait besoin d'un grand volume d'eau. Dans ce cas, il devrait engager exclusivement un espace plus ou moins long de son temps, un mois par exemple. Il se fatiguerait moins, ses intérêts n'en souffriraient pas, les contractans en profiteraient singulièrement ainsi que la science qu'il veut fonder. Après un mois d'études générales, indiquer les petites sources dans les fonds privés ne serait plus qu'un jeu pour lui.

M. l'abbé Paramelle devrait d'autant plus facilement adhérer à un arrangement de ce genre, surtout avec une commune aussi importante que Nismes, que tout le monde s'accorde à le proclamer généreux et désintéressé. Jusqu'ici, les rétributions qu'il a demandées sont minimes, et il en fait, dit-on, du moins en partie, un usage charitable et religieux.

Ces sentimens élevés honorent son double caractère de prêtre et de savant; et nul, certes, ne regrette un argent qui peut procurer l'eau désirée, ou qui du moins concourt à l'accomplissement de bonnes œuvres.

Nismes, le 27 mars 1842.

DES DIVERS PROJETS

MIS EN AVANT

POUR AMENER DES EAUX

A NISMES.

DES DIVERS PROJETS

MIS EN AVANT

POUR AMENER DES EAUX A NISMES.(1)

Si beaucoup de particuliers sont intéressés à la recherche de sources jaillissantes ou seulement souterraines, pour augmenter la valeur, les produits, l'agrément de leurs propriétés rurales, on peut dire que beaucoup de villes ont un intérêt plus grave encore à la découverte des eaux nécessaires à leurs usages.

Les villes sont-elles autre chose qu'une vaste agglomération d'intérêts privés, et leurs besoins ne doivent-ils pas avoir dans cette question vitale un poids autrement grave que ceux des propriétaires isolés qui s'occupent de la recherche des eaux utiles à leurs fonds ?

Cependant, jusqu'ici, cet objet a été si mal apprécié, si mal compris, que, lorque de tous côtés des recherches sont entreprises pour des intérêts de minime importance et purement individuels, à peine si quelques villes populeuses se sont mises en souci de rechercher s'il ne se trouverait pas dans leur terri-

(1) Extrait du *Courrier du Gard* des 8, 12, 22 avril, 20, 24, mai, 1er, 5, 12, 15, 26, 29 juillet et 5 août 1842.

toire des eaux vives dont leurs habitans éprouvent quelquefois le plus pressant besoin.

Nismes peut être placé dans cette catégorie. Sa population nombreuse et industrielle est privée de la masse d'eau constante qui lui serait nécessaire et qui manque à de courts intervalles. Un été sec et prolongé doit être considéré comme une calamité publique, et l'on peut dire que le retour presque périodique de la disette d'un élément indispensable est un obstacle à l'accroissement de la population, au développement de l'industrie, à la prospérité de la cité.

Nismes possède, à la vérité, une source admirable, qui a certainement déterminé le lieu de sa fondation, et qui fait depuis plus de deux mille ans l'étonnement des étrangers; mais, quelque abondante que soit cette source, elle devient insuffisante quand l'industrie et la population atteignent une certaine limite. A ce point, il faut que la ville reste stationnaire ou que des eaux plus abondantes soient amenées dans son enceinte.

C'est ce que les Romains comprirent quand leur colonie devint peuplée et florissante, c'est à quoi ce peuple-roi sut remédier, avec la grandeur de ses ressources et de son génie, en conduisant à Nismes, sur un magnifique aqueduc, les eaux des fontaines d'Eure et d'Airan.

Ce merveilleux ouvrage a été détruit en partie par les invasions des Barbares, en partie par l'anarchie et l'ignorance du moyen-âge. Nismes, alors, privé de cette ressource, put s'en passer sans en souffrir beaucoup, à cause de la grande diminution de sa population et du dépérissement de son industrie. Mais lorsque des temps meilleurs sont revenus, lorsque cette population s'est accrue, que l'industrie a surgi de nouveau, les mêmes circonstances ont ramené les mêmes besoins. Le problème est toujours instant, et nous n'avons que cette alternative, que Nismes reste stationnaire ou qu'on lui donne de l'eau.

Depuis le règne d'Henri IV, beaucoup de bons esprits se sont occupés de cette question; beaucoup d'administrations patriotiques en ont fait le sujet de leurs méditations souvent reprises et autant de fois abandonnées.

Pourquoi, parmi les projets mis en avant, aucun jusqu'à ce jour, n'a-t-il été exécuté ni même tenté? Pourquoi lorsque l'on a su, tout près de nous, creuser le port de Cette, ouvrir le canal des deux mers, doter Montpellier d'eaux salubres et d'un magnifique aqueduc, pourquoi celui du Gard n'a-t-il pas été restauré ou du moins remplacé par un autre? Pour quel motif a-t-on constamment laissé en arrière l'exécution de ce qui, pour Nismes, était le plus nécessaire et le plus urgent?

C'est ce qu'il convient d'examiner en peu de mots; car, en jetant un coup-d'œil sur les divers moyens qui ont été proposés, nous découvrirons peut-être par quelle cause ils sont restés sans exécution. Est-il impossible de réaliser les projets déjà mis en lumière? D'autres, d'une exécution plus facile, ne doivent-ils pas les remplacer? Voilà ce qu'il convient d'examiner pour ne pas bercer le public plus longtemps de chimériques espérances.

Les Romains ont conduit à Nismes les eaux des fontaines d'Eure et d'Airan. Ce fut, je n'en doute pas, un acte du gouvernement central; car l'exécution en fut ordonnée et surveillée par Agrippa, gendre de l'empereur Auguste. Je ne pense pas que la cité de Nismes ait fait seule la dépense d'un ouvrage qui eût été certainement bien au-dessus de ses ressources. Le trésor de l'empire, les impôts prélevés sur la province des Gaules, ou du moins sur les Volsques-Arécomiques, si ce n'est sur toute la Narbonnaise, ont certainement concouru à cette grande entreprise. Le gouvernement central, en France, a fait en partie les frais du port de Cette et du canal du Languedoc; la province a fait le reste; et, quant à l'aqueduc du Peyrou, les États et la province entière ont puissamment aidé la ville de Montpellier. Voilà ce qui a rendu ces grands ouvrages possibles; tandis que l'absence de pareils secours a constamment paralysé et paralysera toujours, je le crains, l'exécution des projets trop coûteux d'amener les eaux à Nismes. C'est ce que les auteurs de ces projets doivent mûrement considérer. Quand l'état viendra largement au secours de la ville, il sera possible de s'occuper de la restauration de l'aqueduc du Gard ou de tout autre projet équivalant; mais, tant que nous n'aurons devant nous que les ressources municipales, il conviendra de chercher des conceptions plus modestes et des moyens plus économiques.

Il faudrait aujourd'hui quatre millions au moins pour restaurer l'aqueduc du Gard d'Uzès à Nismes, et peut-être deux millions de plus pour indemniser les propriétaires d'Uzès, riverains de la fontaine d'Eure, de la perte de leurs eaux. Nismes ne peut pas plus à présent, qu'il ne pouvait du temps des Romains, dépenser sur ses ressources municipales, six millions pour ce projet. Il est donc nécessaire de l'abandonner, quelque regret qu'on en éprouve, tant que le gouvernement ne voudra pas faire de cet objet une entreprise nationale, comme il fut une entreprise romaine il y a dix-huit siècles. Le gouvernement pourrait seul d'ailleurs forcer la ville d'Uzès à nous abandonner des eaux dont elle a prescrit la jouissance, et qui concourent puissamment aujourd'hui à sa prospérité.

Ne pouvant amener les fontaines d'Eure et d'Airan, une question se présente naturellement à l'esprit : Dans quel cours d'eau peut-on puiser celle qui manque à Nismes? Et tout de suite l'attention de l'observateur se porte sur le Rhône. Là, point d'opposition, point de pénurie ; le Rhône est un fleuve inépuisable qui offre largement ses eaux à quiconque en voudra profiter.

Mais, après un moment d'enthousiasme la réflexion conduit bientôt au découragement. Le niveau du Rhône, tant qu'il baigne le département du Gard, est inférieur à celui de la ville de Nismes, et pour y amener ses eaux de niveau, sans machines, dans un canal creusé dans les terres, il faudrait établir la dérivation au-dessus de Valence. Le canal devrait donc longer le département de l'Ardèche, traverser la plus grande partie de celui du Gard, couper montagnes et rochers, traverser torrens et rivières. Ce ne serait pas trop de vingt millions pour accomplir un pareil projet, il faudrait donc que la France entière y contribuât, ce qui le rend impossible pour bien longtemps. C'est une de ces gigantesques entreprises réservées à l'avenir, qui jouira sans doute des bienfaits d'une civilisation progressive, et des richesses qui résultent d'une longue paix et d'une prospérité soutenue.

Les eaux de la Cèze seraient plus difficiles et plus coûteuse à amener que celles de la fontaine d'Eure ; on n'y doit donc pas penser pour les mêmes motifs.

Restent à proximité de Nismes le Vidourle et le Gardon. Le Vidourle offre moins d'eau que cette dernière riviére, et la difficulté de l'amener est au moins égale. Dès lors, tout ceux qui se sont occupés récemment de cette question ont délaissé le Vidourle pour le Gardon.

La rivière qui donne son nom à notre département doit donc nous occuper seule. Nous ne discuterons pas le projet naturel de prendre les eaux sur sa rive droite, qui appartient à l'honorable M. Valz, mis en opposition avec celui de les prendre sur la rive gauche, qui appartient à M. Valz, aussi et qu'il nous semble avoir abandonné à juste titre; nos objections portent également contre tous les deux. L'idée d'amener les eaux du Gardon à Nismes appartient à tout le monde :

quant à l'examen approfondi de cette idée, il appartient à M. Valz incontestablement. Lui, le premier, a fait les nivellemens, les tracés, les plans et devis. Il a étudié à fond un projet pour amener les eaux du Vidourle, et quatre pour amener les eaux du Gardon, un par la rive gauche, et trois par la rive droite. Ces divers projets faits, il les a comparés, et, se décidant pour celui qui lui paraissait le plus praticable et le meilleur, il a abandonné tous les autres. Deux de ceux-ci ont été repris depuis. Comme notre intention est de combattre et de rejeter toute idée de conduire à Nismes les eaux du Gardon, nous ne nous arrêterons pas à discuter ici des questions de mérite relatif et de priorité, mais nous avons dû rendre justice à qui de droit. Voici nos objections contre tous les projets qui demandent des eaux à la même source.

Nul doute qu'il ne fût très-avantageux pour la ville de Nismes d'avoir une grande quantité d'eau, naturellement amenée par un canal ou aqueduc, sans machines et sans frais de mouvement et d'entretien une fois la prise d'eau et le canal exécutés. Mais la chose est-elle possible, d'abord en elle-même, en second lieu, eu égard aux ressources de la ville ?

Sous le rapport physique et matériel on a déjà observé, et avec raison, selon nous : 1° qu'à l'étiage, le Gardon pris à Ners et à Boucoiran ne donnerait que très-peu d'eau ; 2° qu'on ne pourrait s'emparer de toute l'eau de la rivière et en priver complètement les communes riveraines ; 3° que, par le fait de l'augmentation de la valeur des propriétés, de la dépréciation du numéraire, de la plus grande aisance et industrie des possesseurs, cultivateurs et paysans, et par les progrès de la mécanique, cette quantité d'eau diminuerait constamment par les entreprises des riverains, et que, sous peu d'années peut-être, il n'y en aurait presque plus en été à Boucoiran et à Ners. J'admets toutes ces propositions comme vraies, et la dernière me frappe tellement, que je crois que si la ville de Nismes établit la dérivation projetée, elle n'aura, sous peu de temps, qu'une quantité d'eau insignifiante.

Partout les propriétaires riverains font aujourd'hui des prises, des canaux d'irrigation, et retiennent dans leur fonds toutes les eaux qu'ils peuvent et que la loi leur permet de prendre. Ceux dont le sol est trop exhaussé pour y introduire les eaux par de simples coupures ou barrages, les élèvent par des roues à godets, des pompes, des norias. Tous les petits cours d'eau qui alimentent les rivières sont à sec en été ; les eaux diminuent sensiblement, et certainement la facilité et le bas prix avec lesquels on établit aujourd'hui des norias en fer à longues chaînes, augmenteront sous peu d'une manière évidente leur déficit dans leur lit naturel.

Propriétaire de moulins sur le bord du Gardon à Anduze, dans un pays beaucoup plus riche en eaux que la plaine, je m'aperçois tous les ans de leur diminution, par suite des barrages ou machines établis en amont du côté de Lasalle, St-Jean et Mialet, et ces ouvrages absorbent si bien la rivière, qu'en 1819 j'ai vu quelque temps l'eau cesser presque de couler sur ma chaussée.

Je pense donc que ce serait une grave erreur que d'espérer obtenir avec les étés secs un millier de pouces d'eau à Nismes dans l'avenir, et qu'il serait beaucoup plus sage de ne compter que sur deux ou tout au plus trois cents pouces. Il faudrait donc, après une si grande entreprise et des dépenses énormes, renoncer à l'idée des arrosemens, des canaux, des usines, et se résigner à ce que le travail projeté ne fournît à Nismes que l'eau qui manque à ses besoins domestiques et à ses ateliers de teinture

Certes, c'est encore un grand avantage, je ne le nie pas, mais j'espère indiquer, si l'on borne là son ambition, que cet avantage peut se réaliser avec beaucoup moins de temps, de difficultés et de frais.

Les Romains connaissaient le Gardon comme nous, et le savaient plus proche de Nismes que les fontaines d'Eure et d'Airan; quand donc ils se sont décidés pour les sources les plus éloignées, il faut croire, qu'eux qui construisaient pour la postérité, ils trouvaient des inconvéniens graves et plus ou moins prochains à la dérivation des eaux de cette rivière.

Sur la seconde face de ce projet, sur la question financière, j'ai déjà fait connaître incidemment mon opinion, en disant que la dépense est au-dessus des ressources de la ville de Nismes. Je n'ajouterai que quelques mots, car il est facile que chacun développe dans sa pensée des observations de ce genre par des exemples bien connus.

On parle d'une dépense de deux millions à deux millions et demi pour amener les eaux du Gardon. Ne sait-on pas qu'en pareil cas il est toujours prudent de doubler le montant des devis et avant-projets? Voyez, par exemple, les travaux de l'aqueduc de Marseille, de ses percés et du pont de Roquefavour. Chacun peut rappeler à son esprit mille faits du même genre, où se sont englouties, bien au-delà de toutes les prévisions, les ressources des particuliers, des compagnies, des villes ou de l'état.

La ville de Nismes est-elle décidée à dépenser cinq à six millions pour se donner deux à trois cents pouces d'eau? peut-elle faire cette dépense? Je ne le pense pas. Une pareille somme me semble bien au-dessus des ressources du budget municipal, et si les secours de l'état ne sont pas indispensables, ceux de plusieurs départemens le seraient au moins; mais maintenant les départemens sont isolés, et nous n'avons plus d'États de provinces.

Pour amener dans son enceinte des eaux courantes, une petite rivière propre à mouvoir des usines, à féconder son territoire, à alimenter un canal de navigation jusqu'à Aiguesmortes, Nismes ne peut se passer des deniers de l'état. Cette vaste entreprise est assurément d'intérêt général; lorsque le gouvernement le pourra, il sera de son devoir de s'y associer; n'en désespérons pas pour l'avenir: mais, comme on ne doit pas y compter à présent, il faut que Nismes borne et modère l'ambition de ses projets. On ne doit vouloir et entreprendre que ce qu'on peut accomplir, et Nismes ne peut appeler par ses propres moyens ni les eaux du Rhône, ni celles de la fontaine d'Eure, ni celles du Gardon par des dérivations et des aqueducs.

Si, renonçant à ces idées exagérées, la ville voulait se borner à obtenir une centaine de pouces d'eau, ce qui serait doubler à l'étiage le produit moyen de la Fontaine, je pense que la chose serait possible sans de grands travaux et sans de grandes dépenses. Cette quantité d'eau, ajoutée à celle qu'on a déjà, suffirait aux besoins de la population, des ateliers, des places publiques, des promenades. Ainsi, la cité se donnerait avec ses propres ressources ce qui lui est indispensable, et si, plus tard, le gouvernement voulait quelque chose de grand, de monumental, d'utile à toute la contrée, de digne de l'attention de la postérité, il nous viendrait en aide avec les ressources dont il dispose.

C'est ici le moment de parler de deux projets, l'un de M. l'abbé Simil, modifié plus tard par M. Bouchet, qui consiste à prendre l'eau au pont du Gard, et l'autre d'une société encore anonyme qui consiste à les prendre au Rhône, à Comps, en les élevant, dans les deux projets, avec des pompes et les amenant dans l'ancien aqueduc du Gard.

Quoique ces projets exigent une dépense moins forte que ceux des dérivations de niveau, et se rapprochent ainsi de nos idées, ils offrent cependant des inconvéniens graves que je ne puis m'empêcher de signaler.

On amène ainsi l'eau de loin, et je pense qu'on en trouvera tout près si l'on se résigne à l'élever par des moyens mécaniques.

On amène à grands frais de l'eau bourbeuse et chaude, quand on peut avoir chez soi, presque pour rien, de l'eau fraiche et salubre. Ces projets de pompes placées au loin me semblent donc devoir être radicalement abandonnés. Ils nécessiteraient au moins la moitié de la dépense des dérivations par des prises de niveau; ils soumettraient aux chances de dérangement, de chômages et d'entretien coûteux des machines, et n'amèneraient que peu d'eau. Si l'on veut se servir de machines, il me paraît absurde de les placer loin quand on peut les placer chez soi, pour ainsi dire, dans l'enceinte de la ville. C'est là que je veux en venir.

Dans mon opinion, Nismes est placé sur, ou tout près d'une nappe d'eau abondante, inépuisable. La réussite d'un puits artésien ne serait pas impossible, quoique très-peu probable; mais si l'on ne trouve pas des eaux jaillissantes, tout au moins trouvera-t-on des eaux vives et abondantes à une petite profondeur. Il serait alors bien plus facile de les élever avec des machines à vapeur que d'élever celles du Gardon au Pont du Gard, et celles du Rhône à Comps, et l'on épargnerait ainsi deux millions que coûtera la restauration de la moitié de l'aqueduc du Gard ou la construction de tout autre. Un canal serait inutile dès qu'on chercherait les eaux aux portes de la ville ou peut-être dans son intérieur.

Je ne compte pas sur la réussite d'un puits artésien pouvant donner à Nismes des eaux abondantes jaillissant naturellement au-dessus de la surface du sol. Je l'ai déjà dit, la chose n'est pas impossible, mais elle est peu probable, et, sous ce rapport, je me range à l'opinion déjà exprimée dans le *Courrier du Gard*, par mon ami M. Emilien Dumas, de Sommières, dont j'approuve les motifs (1).

Mais si j'espère peu obtenir des eaux s'élevant d'elles-mêmes au-dessus de la surface du sol, je crois fermement qu'on en obtiendrait avec facilité et abondance à une petite profondeur au-dessous.

Dès lors, au lieu d'aller pomper pour Nismes de l'eau à Comps ou au Pont du Gard, il me semblerait beaucoup plus raisonnable et plus logique de la pomper à Nismes même. Nous l'aurions meilleure et surtout moins chère.

En résumé, tout projet d'amener à Nismes, comme l'ont fait les Romains, les eaux de la fontaine d'Eure, ou, à leur défaut, les eaux du Rhône, ou de l'Ardèche par un aqueduc de niveau, sans pompes ou autres machines, est un magnifique projet, mais au dessus des ressources de la ville, et qui ne peut-être que gouvernemental. Pour son exécution, il faut attendre et espérer; il se réalisera si la France s'élève un jour à la richesse, à la puissance, au génie de l'ancienne Rome.

Les projets d'amener les eaux de la Cèze, du Gardon ou du Vidourle, doivent être repoussés. Ces

(1) Voir le *Courrier du Gard* du 14 mai 1841.

rivières ont trop peu d'eau à l'étiage ; cette quantité diminuera d'année en année, et dès lors, un aqueduc qui y prendrait naissance et qu'on construirait à grands frais, ne procurerait pas d'assez grands avantages pour compenser les sacrifices qu'il exigerait. J'ai été longtemps séduit, comme beaucoup d'autres, par cette idée d'amener les eaux du Gardon à Nismes : de plus mûres réflexions me forçent à l'abandonner. Dans les étés secs, quand la rivière est basse, au temps des filatures, ses eaux sont tellement chargées de mousse, de vase et de substances animales en décomposition, qu'à Anduze même, on répugne à s'y baigner, et personne n'en voudrait boire. Ajoutez à cela l'infection dangereuse que donne aux eaux peu abondantes le rouissage du chanvre.

Quant aux projets, en apparence plus modestes, d'élever les eaux par des machines et de les amener de Comps ou du Pont du Gard, ils me paraissent peu praticables, parce qu'ils seraient trop coûteux ; il n'est pas raisonnable de les adopter avant d'avoir essayé autre chose, parce qu'on va chercher loin ce qu'on a près.

Un projet tout simple et tout bourgeois, naturel, modeste, économique, me paraît devoir être tenté avant ; c'est celui-ci : *Pomper tout bonnement l'eau qu'il nous faut, dans notre territoire, où je crois qu'elle ne manque pas.*

Ce projet me paraît à la portée des ressources municipales et immédiatement réalisable.

Je n'y vois qu'un petit inconvénient que vous y

trouverez, ami lecteur, peut-être comme moi : c'est qu'il donnera de l'eau trop vite et fera remuer trop peu d'argent....

Mais si vous ne vous arrêtez pas à ces deux considérations, souvent plus influentes qu'on ne croit, je proposerai de profiter du passage de M. l'abbé Paramelle à Nismes, pour le prier d'étudier à fond le sol environnant, à l'effet de savoir :

S'il ne pense pas qu'il s'y trouve des courans d'eau souterrains et des nappes inconnues, dans lesquels on pourrait puiser, de manière à élever constamment et économiquement pour la ville une centaine de pouces d'eau.

Je crois utile, essentiel aux intérêts de la ville, de profiter du moment où elle possède un homme aussi exercé que M. l'abbé Paramelle, et voilà pourquoi, dans les divers articles que je viens de publier, j'ai fait suivre l'exposition de son système de l'examen des divers projets d'amener des eaux à Nismes, afin qu'on pût saisir en même temps le principe et l'application.

Quelques personnes me paraissent ne pas comprendre comment un projet peu coûteux et promptement réalisable pourrait trouver moins de sympathies que d'autres projets plus lents et qui exigeraient des dépenses beaucoup plus fortes ; peu de lignes expliqueront ma pensée à cet égard.

En général, les masses aiment les grandes entreprises ; celles qui surmontant des difficultés supposent un développement d'efforts et de puissance dont les résultats, ou du moins les vestiges, puissent aller à la postérité la plus reculée. Les masses procèdent par enthousiasme, les esprits sages par réflexion.

Au premier coup-d'œil, chacun adopte avec chaleur l'idée de la restauration de l'aqueduc romain, ou de toute autre grande entreprise pareille; j'ai longtemps fait comme le public. Quand il ne s'agit pas d'une opération personnelle ou privée, on ne se préoccupe guère de la question de temps ou d'argent, on n'envisage que les grands résultats. Cette disposition est honorable au fond, car elle tient au sentiment des belles choses et au prix qu'on y attache, mais, dans l'intérêt public, une administration sage a souvent à lutter contre elle.

Puis, il faut bien en convenir, viennent aussi les intérêts privés, qui se passionnent de leur côté pour les entreprises coûteuses et qui doivent durer longtemps, parce que beaucoup de gens espèrent en tirer quelque parti, directement ou indirectement.

Ainsi, les propriétaires qui se trouveront sur le parcours d'un aqueduc de plusieurs lieues, ne sont pas fâchés de ce futur voisinage et de la perspective de bonnes indemnités. La classe ouvrière voit là pour longtemps un vaste atelier de travail; tel espère de gros bénéfices sur les matériaux, tel autre sur son art; d'autres aspirent à devenir chefs d'ouvriers, inspecteurs, conservateurs, gardes, contre-maîtres, piqueurs, et de proche en proche, tous ces désirs excitent et forment l'opinion.

En s'occupant d'une chose aussi importante, et qui

peut avoir pour la cité les conséquences les plus graves, l'administration de Nismes, le conseil municipal, se placeront, nous n'en doutons pas, au-dessus de ces désirs et de ces influences, soit artistiques, soit irréfléchies ou intéressées ; ils pèseront froidement ce que la ville peut faire, et n'iront pas au-delà.

C'est la confiance que nous avons dans leur impartialité et dans leurs lumières qui nous a encouragé à dire ce que nous croyons être la vérité. Bien que nous soyons arrivé tardivement dans la lice, et que déjà peut-être, certains projets, tout différens du nôtre, aient fait impression sur quelques esprits, nous n'avons pas perdu confiance, parce que nous savons que ce qui est utile et juste se fait jour et reprend son droit, surtout auprès des hommes sages et impartiaux, appelés à décider cette grande question.

Je crois qu'on trouverait facilement des eaux suffisantes dans l'enceinte ou le voisinage de la cité, et avant que M. Paramelle se prononce, je vais, ne serait-ce que pour prendre date et prouver au point de vue pratique si j'ai bien saisi le système que j'ai exposé, je vais, dis-je, indiquer en terminant sur quoi se base mon opinion de l'existence et de l'emplacement de ces eaux.

Je me fonde sur la position de Nismes, bâti au midi, non-seulement d'un cordon, mais d'une masse de collines dont plusieurs enceignent de petites vallées closes, supérieures par leur niveau à la vallée du Vistre. Aussi, cette chaîne calcaire fournit-elle notre admirable source, mais il me semble impossible, d'après l'aspect des masses, que ce courant d'eau soit le seul qui la traverse.

Je me fonde sur la quantité de bons puits creusés dans la ville, surtout du côté du nord et à une grande élévation, et qui manifestent autant de sources descendant des rochers, interceptées par hasard, et qui ne sont que la minime partie de celles qui existent puisqu'on n'a pas creusé partout.

Je me fonde sur la facilité qu'on a de trouver de l'eau dans la partie basse de la ville, et surtout dans la plaine au midi, ce qui a permis d'établir une quantité de puisards que les norias ne peuvent tarir. Le rapprochement et l'abondance de ces puits, l'impossibilité de tarir les uns, la promptitude avec laquelle l'eau remonte dans les autres, les sables purs et nets, les galets roulés qu'on trouve au fond de plusieurs, tout cela prouve que si des eaux en grandes nappes existent sous certains points, des courans d'eau très-intéressans existent sous d'autres. Au mas Larrier, campagne de M. le docteur Roux, un courant d'eau qui paraît être considérable existe à cinq ou six mètres en dessous de la surface, mais ce courant est plus élevé que le sol d'une partie de la ville de Nismes. Je l'ai observé, il y a environ deux ans, avec MM. les ingénieurs en chef Grangent et Vinard.

Je me fonde encore sur les sources souterraines et abondantes qui sont connues à l'orient de la ville, dans les territoires de Marguerittes et de Cabrières. Plusieurs de ces sources avaient été recueillies dans l'ancien aqueduc romain; elles en sortent actuellement par les brèches, ou sont puisées par des poulies et des norias.

La fontaine de Caveirac, la Fontaine de Nismes, dégorgent de la partie de la chaîne des collines qui se trouve au couchant de la ville ; il faut qu'à l'orient des cours d'eau pareils produisent le même résultat; ils n'en existent pas moins pour être cachés. Ils alimentent la nappe d'eau de la plaine ; il ne s'agit que de savoir les trouver.

Ces eaux, qui descendent des collines calcaires et qui filtrent sous le sol de la ville, une fois arrivées dans la plaine du Vistre, doivent être arrêtées par le banc puissant d'argile qu'on a reconnu en plusieurs endroits, et qui forme la base des coteaux des bois de Campagne et de Signan, bien qu'on n'observe tout d'abord que les cailloux roulés qui lui sont superposés. C'est donc au milieu de la plaine qu'on trouvera des eaux accumulées, si l'on n'aime pas mieux les saisir au pied des collines, à une profondeur toujours moindre, dans les affluens.

Avant d'avoir vu M. l'abbé Paramelle, et d'avoir réfléchi sur ses procédés, je trouvais passablement absurde la proposition que M. Sauquaire-Souligné avait faite dans le temps à la ville, de lui procurer l'eau qui lui était nécessaire, en creusant au chemin d'Uzès ; par son élévation, ce lieu me semblait le plus mal choisi. Maintenant, je serais porté à croire que M. Sauquaire avait vaguement pressenti la théorie de M. Paramelle; et, pour moi, guidé par ce secours, je pense qu'un courant d'eau considérable venant de la montagne, faisant pendant à la Fontaine, traverse souterrainement le chemin d'Uzès, l'embarcadère du chemin de fer, et se rend dans la plaine.

En effet, au nord de l'embarcadère, le terrain meuble s'avance comme un golfe au milieu des collines qui forment autour une enceinte étendue, et produisent une vallée intérieure des plus importantes de la chaîne. L'aire du bassin présenté à la pluie est donc suffisante pour donner naissance à une source considérable. Le fond de la vallée est un terrain de transport meuble et perméable au degré qui convient. Les côtés et le sous-sol sont en roche calcaire, qui peut être imperméable. La vallée n'est pas assez large, ni la pente des côtés assez abrupte pour que la roche du fond qui doit retenir l'eau soit à une grande profondeur ; la pente est assez égale des deux côtés; dès lors, on doit trouver un courant dans cette vallée; il doit être assez fort, peu profond, surtout vers le nord, et emplacé vers le milieu de la largeur du terrain meuble. Les mêmes circonstances se retrouvent encore dans d'autres endroits où la plaine avance aussi, et forme comme un golfe dans la chaîne calcaire.

A la vérité, un puits a été creusé à l'embarcadère du chemin de fer et n'a pas produit de grands résultats; mais il est probable qu'on a manqué en l'emplaçant le talweg de la vallée. Une tranchée transversale eût été bien préférable entre les deux contreforts de la montagne. C'est une tranchée de ce genre que les Romains ont ouverte en creusant l'aqueduc du Gard. Ce magnifique ouvrage était une coupure au pied des collines, qui devait sur son parcours intercepter et recueillir toutes les eaux, sources et filtrations qui en descendaient et que je crois nombreuses. Peut-être ramassaient-ils ainsi, chemin faisant, une centaine de pouces d'eau qui se joignaient au produit des fontaines d'Eure et d'Airan.

Déblayer l'ancien aqueduc est donc la première chose à faire après l'essai des puits voisins. Si ce simple déblaiement, qui pourrait coûter quelques centaines de mille francs, jusqu'au Pont du Gard, donnait l'eau strictement nécessaire, on réparerait le parcours depuis la ville jusqu'à l'endroit où surgirait l'eau; et nous observons que la première moitié de l'aqueduc est la moins dégradée.

Si dans ce canal antique on ne trouvait pas assez d'eau, on en chercherait par des fouilles dans les endroits voisins, où il serait le plus probable d'en rencontrer, comme par exemple vers les sources du Vistre. On les élèverait par des machines; et par l'aqueduc encore, on les dirigerait vers la ville.

Enfin, si ces deux entreprises ne réussissaient pas contre notre attente, rien ne serait perdu, ni le temps, ni l'argent. Ce serait alors le cas d'aller chercher l'eau au Pont du Gard, puisqu'on saurait qu'il n'y en a pas plus près, et de l'élever par des pompes. Tous les travaux faits, sauf quelques puisards, toutes les dépenses effectuées s'appliqueraient naturellement à ce projet subsidiaire d'exhausser les eaux du Gardon au point le plus rapproché, et de les déverser dans l'aqueduc romain. On sait qu'au Pont du Gard, l'eau de la rivière filtrée dans les graviers est plus abondante, plus pure et plus fraîche qu'à Boucoiran ; on sait que nous ne demandons ici que cent à deux cents pouces d'eau à élever par des pompes, au lieu d'un millier de pouces, qu'on n'obtiendrait certainement pas, et qui coûterait le double par les dérivations de niveau.

Toutefois, nous le répétons, avant d'aller chercher l'eau, même au Pont du Gard, il faut s'assurer qu'on n'en a pas plus près, surtout sur le trajet de la ville à ce point. Mon opinion, telle qu'elle ressort de ce mémoire, peut se résumer en deux mots : Faire explorer le territoire par des hommes compétens ; faire à peu de frais, par de simples puits ou tranchées creusées dans les endroits reconnus convenables, la recherche des eaux voisines ; procéder au déblaiement de l'aqueduc romain, jusqu'à la hauteur des sources du Vistre, et si, jusque-là, on n'a trouvé de l'eau ni dans l'aqueduc, ni dans le sol environnant, pousser le déblaiement de l'aqueduc et le restaurer jusqu'au Pont du Gard.

C'est tout ce que la ville peut faire. Au moyen de pompes, elle se procurerait là les eaux qui lui sont indispensables.

Rien n'empêcherait que plus tard, le gouvernement, terminant à ses frais la restauration de l'aqueduc antique, ne nous donnât comme Rome les eaux de la fontaine d'Eure, ou nous procurât celles plus éloignées, mais plus disponibles et plus abondantes qu'on pourrait dériver de l'Ardèche ou du Rhône. Même pour cet heureux évènement, que je voudrais pouvoir fermement espérer, les travaux pratiqués ne seraient pas perdus ; ils seraient au contraire un commencement utile, une pierre d'attente, une supplication toujours existante vers l'avenir.

Que la ville préfère donc ces entreprises successives, graduées, qui doivent économiser le temps et l'argent ; qu'elle ne commence que ce qu'elle est sûre de terminer avec ses propres ressources. Ses travaux municipaux, ainsi dirigés, concourront facilement à un plus graud but, se rattacheront à une entreprise nationale, tel qu'un aqueduc vers l'Ardèche ou le Rhône, lorsque viendra le moment favorable où Nismes pourra compter sur la bienveillance du gouvernement et le concours généreux de la patrie.

Nismes, le 31 mars 1842.

DE NISMES ET DE SES EAUX.

« *Multa renascuntur quæ jam cecidère .....* »

La population de Nismes est près d'arriver à ce point, où la question d'y amener des eaux n'est plus une affaire de luxe, d'agrément, de convenance, mais d'absolue nécessité. Depuis longtemps de bons esprits ont cherché la solution du problème; maintenant l'administration locale s'en préoccupe, et tous les habitans apprécient l'importance des débats qui s'y rattachent. Il serait donc peu convenable de passer légèrement sur un sujet qui renferme et domine de si graves intérêts; il est instant, au contraire, de l'approfondir, de l'épuiser, de rechercher de toutes parts les lumières et les documens.

Le besoin de nouvelles eaux est déjà généralement senti; mais, qu'on ne s'y trompe pas, avec la marche rapidement ascendante de notre population, prouvée d'une manière incontestable depuis trois siècles par des recensemens authentiques; avec la marche plus rapide encore, qu'une longue paix, les améliorations sociales modernes et les améliorations locales d'hygiène publique lui ont imprimée de nos jours; avec des chemins de fer, qui vont se croiser sur notre territoire et nous faire toucher par leur célérité aux mines abondantes des Cevennes, à un fleuve navigable, à Montpellier et à la mer par plusieurs points, Cette, Arles et Marseille; avec toutes ces causes réunies et agissant de concert, une population bien plus compacte et plus nombreuse va rendre ce besoin plus impérieux.

Quand le chef-lieu des Volsques-Arécomiques fut devenu colonie romaine, quand sa prospérité se fut accrue, et que la population approcha de soixante mille ames, alors notre belle Fontaine ne suffit plus à ses besoins; il fallut recourir aux sources du voisinage, et puis successivemont étendre sa prise de possession jusqu'aux fontaines d'Eure et d'Airan.

Ce qui fut une nécessité pour la ville romaine de soixante mille ames, le sera au même degré pour Nismes moderne, quand il en aura cinquante mille : car si les Romains usaient plus largement que nous des eaux pour les ablutions, les bains et autres usages domestiques, d'autre part, leur colonie n'était pas une ville de commerce et n'éprouvait pas les besoins de notre industrie pour la teinture et les manipulations diverses des matières de fabrication.

Il est donc certain que, dans quelques années, le projet d'amener des eaux à Nismes ne pourra plus être différé; que sa solution sera urgente; qu'il faudra mettre la main à l'œuvre, et qu'il convient aujourd'hui de s'y préparer par les études et les réflexions convenables.

Quand on s'occupe d'un sujet quelconque, on est

souvent appelé à toucher incidemment à une question plus importante : bientôt, par l'intérêt qui lui est propre, cette quesion absorbe, captive, et, ce qui n'était d'abord que l'accessoire, finit par devenir le sujet dominant ; c'est ce que j'ai éprouvé moi-même.

Je voulais parler de M. l'abbé Paramelle et de son système, de manière à faire sentir qu'il y avait du vrai dans ses indications ; qu'une science *future* de l'invention des sources était possible, et qu'on ne devait pas taxer indifféremment de charlatanisme toutes les investigations de ce genre.

Ce travail m'a amené à réfléchir sur la disette d'eau qu'éprouve la ville de Nismes, et j'ai dû conseiller de profiter du séjour de M. Paramelle pour le consulter sur les moyens de s'en procurer. M. Paramelle a fait *en un jour*, m'a-t-on dit, une exploration dont il pourra être utile de s'occuper quand son rapport sera connu.

Dès que j'eus touché à un sujet aussi intéressant et aussi vaste que celui de donner des eaux à Nismes, je fus entraîné malgré moi, à approfondir les désirs, les besoins qui s'y rattachent et les divers moyens déjà proposés pour y satisfaire ; je hasardai un avis sur cette question.

Je n'ai pas tardé à m'apercevoir qu'il y avait bien peu de consistance dans l'opinion d'un homme isolé qui n'a pas d'avance et de longue main étudié la chose à fond ; qu'il fallait rechercher, apprécier avec indépendance et bonne foi tout ce qui avait été fait, écrit ou proposé antérieurement sur le même sujet; et qu'avant que de conseiller sérieusement un parti sur un point de cette importance, il fallait avoir fait l'inventaire, l'histoire et la critique comparative de tous les projets qui avaient précédé.

Mais si les recherches historiques à huis-clos sont nécessaires pour donner de la valeur à une opinion, ne faut-il pas, pour qu'elle ait une juste autorité, que les points principaux de ce travail soient communiqués au public?

Une exposition, une comparaison, une critique, une histoire complète, en un mot, des divers projets mis en avant à différentes époques, pour amener des eaux à Nismes, nous manque totalement, et cependant, son utilité pour les intérêts les plus précieux de la ville, soit dans le présent, soit dans l'avenir, ne saurait être contestée.

On aurait dû imposer à chacun de ceux qui présentaient à la cité un nouveau projet pour lui donner des eaux, la condition de faire une revue analytique des projets précédens; c'était le seul moyen d'éclairer la question; on serait, depuis longtemps, sorti d'une indécision pénible et préjudiciable; tous les esprits seraient fixés, et l'on aurait ainsi évité bien des redites, bien des plagiats et des résurrections plus ou moins habilement dissimulées, de projets déjà vieillis et condamnés.

Dès les premiers pas dans mes recherches, je me suis aperçu que trois ou quatre projets, seuls praticables, étaient de génération en génération presque identiquement représentés, comme des découvertes, avec un simple changement de nom d'auteur.

On ne saurait trop étudier sous toutes ses faces une question, désormais vitale pour Nismes; rien ne me paraît plus propre à éclairer les esprits et à amener une bonne solution que la connaissance rétrospective de tout ce qui aura été mis en avant, jusqu'au jour de la délibération solennelle où une dernière résolution sera prise. C'est un secours précieux et presque indispensable pour former les opinions et les fixer d'une manière complète.

L'administration ne meurt pas, il est vrai, mais les membres qui la composent se renouvellent plus vite encore que les générations. Le fil des traditions se rompt et se perd facilement, aujourd'hui surtout que la vie est agitée de tant d'intérêts divers : on ignore souvent les choses les plus importantes enfouies dans de lourds in-folios ou dans des archives poudreuses; et si pourtant la vérité a déjà été proclamée, n'est-il pas important de la faire sortir de l'oubli?

Ce qui n'a pas été fait jusqu'ici, c'est-à-dire, *une histoire critique des moyens d'amener à Nismes les eaux qui lui manquent*, je crois important de l'entreprendre : si j'accomplis ce travail, il sera comme une monographie dans la vaste collection de son histoire générale; ce sera comme un point de départ qu'il faudra assigner à tous ceux qui, dans l'avenir, présenteront de nouveaux projets, et qui n'auront droit à aucune préférence tant qu'ils ne prouveront pas en quoi leurs idées valent mieux que celles de leurs prédécesseurs, si tant est qu'elles en diffèrent.

Ayant peu de loisir et ne pouvant par conséquent disposer de mon temps que d'une manière fort irrégulière, j'ignore à quelle époque je conduirai à bonne fin le travail que je projette. Si je le commence avec zèle, c'est que j'ai foi dans son utilité, mais j'ai besoin pour l'accomplir de santé et de calme.

Je n'en fais pas moins ici, à mes amis d'abord, puis à toutes les personnes qui s'intéressent à la question que je me propose de traiter, la demande des indications, des renseignemens, des documens qui peuvent être à leur connaissance. Je sollicite aussi leurs conseils, et c'est là le but principal de cet article, qui n'est rien moins qu'un prospectus, mais un appel empressé à la bienveillance des personnes de ma connaissance, et au patriotisme des habitans de Nismes.

Pour mieux préciser mes idées, je vais donner quelques indications sur la manière dont je compte accomplir ma tâche.

Je rechercherai d'abord dans ma bibliothèque privée, dans celle de mes amis et dans celle de la ville tout ce qui peut être afférent à mon sujet.

Je demanderai ensuite des renseignements particuliers à toutes les personnes qui, se sont occupées d'une manière spéciale des moyens d'amener les eaux à Nismes; j'ai lieu de croire que j'obtiendrai d'elles, sur les projets récens, les renseignemens les plus précieux; sans que j'aie besoin de désigner personne, chacun voit tout de suite à quels honorables citoyens j'aurai à m'adresser.

Enfin, ce n'est qu'après avoir épuisé ces premières ressources que j'aborderai les archives de la préfecture et de la ville, si j'obtiens l'autorisation d'y fouiller. C'est dans ces archives que, sur les projets les plus anciens, doivent se trouver pour mon travail les renseignemens les plus riches et les plus complets. Je sais qu'il est bien plus facile et plus commode de faire des recherches et des analyses sur des livres que sur des registres poudreux ou des dossiers illisibles; je n'aurai donc recours à ces sources originales que lorsque des moyens plus abordables me feront défaut. Je n'ignore pas d'ailleurs qu'on ne doit s'adresser à l'obligeance des conservateurs responsables des dépôts publics, pour puiser dans les richesses qui leur sont confiées, que quand, par l'étude et le dépouillement préalables de ce qui est déjà imprimé, on s'est donné des droits à la connaissance de ce qui n'est pas dans la circulation publique, sans quoi l'administration serait trop souvent importunée, les titres originaux trop vite détériorés.

Je me propose d'examiner, en suivant l'ordre chronologique :

A quelle époque on a commencé d'amener à Nismes des eaux pour suppléer à l'insuffisance de celles de la Fontaine;

Quelle était la population de Nismes quand les Romains construisirent l'aqueduc du Gard;

Quelles eaux cet aqueduc conduisait; quelle en était l'origine et la quantité ;

Pendant combien de temps a servi l'aqueduc ;

Quel était exactement son parcours ; à quelle époque et par qui il fut ruiné.

Depuis l'invasion des barbares je suivrai jusqu'au quinzième siècle la marche décroissante de la population, puis son amélioration et sa marche constamment ascendante jusqu'à nos jours.

Tant que la population de Nismes a été au-dessous de quarante mille ames, aucun besoin d'eau réél n'a pu s'y faire sentir. Si on en a demandé plus tôt, c'était pour des usines, pour un canal de navigation jusqu'à la mer, pour des irrigations du territoire, ou parce que celles qu'on avait étaient très-mal aménagées. Ce n'est qu'arrivés au nombre de cinquante mille que les habitans auront un besoin indispensable d'eau pour les usages industriels et domestiques.

L'administration municipale améliore depuis deux siècles le régime et l'économie des eaux de la Fontaine : les chemins de fer amoindrissent et effaçent le besoin d'un canal de navigation sur Aiguesmortes : les machines à vapeur suppléent à celui des chutes d'eau comme force motrice : les eaux pour l'irrigation seraient certainement trop chères, fournies par aucun des moyens proposés ; on voit donc qu'à notre époque, le problème n'est plus ce qu'il était avant nous.

Je l'ai déjà dit et je dois le répéter encore : ce qu'il nous faut avant dix ans, et ce que nous pouvons nous donner avec les ressources municipales, c'est un supplément de *cinquante à cent pouces d'eau* ; tout autre projet plus grandiose est au dessus-de nos forces.

Faisons sagement et résolument ce que nous pouvons et ce qui doit nous suffire. Quant à ce qui dépasserait ces limites, attendons que le gouvernement puisse et veuille venir à notre secours ; ne désespérons pas de l'avenir et de la fortune de la France.

Je vais maintenant indiquer avec rapidité les divers projets présentés pour amener des eaux à Nismes, depuis que la ville, se relevant de ses ruines, s'avance dans la voie de la prospérité. Mes premières lectures, des recherches faites à la hâte, m'ont fourni ces indications, et je désire que la bienveillance des personnes qui s'intéressent à la question me mette en mesure, soit de compléter cette énumeration, soit d'en approfondir chaque partie. Je recevrai avec reconnaissance tous les secours de livres, plans, notes et documens quelconques qu'on voudra bien me communiquer.

I.

Projets relatifs á un Canal de navigation de Nismes à la Mer, par Aiguesmortes.

Déjà, en 1285, les marchands italiens et lombards établis à Nismes proposaient l'établissement de ce canal. Cette idée fut reprise en 1534, sous François Ier ; en 1561, sous Charles IX ; en 1629, sous Louis XIII. Les États du Languedoc s'en occupèrent en

1689, 1696, 1751, 1788 et 1791, jusqu'à l'expiration de leur existence.

En 1787, M. Barnier de Valcaude fit un projet spécial d'un canal de navigation de Nismes à Aiguesmortes, pour lequel il devait se servir *des eaux qu'il disait exister dans l'aqueduc du Gard, vers Bezouce.*

En 1790, M. Blachier présenta un projet développé pour le même canal.

En 1809, M. d'Alphonse, préfet, renouvelait les vœux de M. Dubois, son prédécesseur, pour la réalisation de ce projet.

En 1822, MM. Despuech et Durand voulaient établir un canal de navigation d'Alais à Nismes et à la mer, avec un rigole à niveau supérieur, pour fournir des eaux à la cité.

II.

Projets relatifs à l'augmentation des Eaux de la Fontaine.

En 1377, on s'occupa de déblayer la source et les canaux, remplis depuis neuf cents ans de vase et de décombres.

En 1479, un fontainier, dont le nom ne s'est pas conservé, fit pour augmenter la masse des eaux une proposition à laquelle on ne donna pas de suite.

En 1559, un autre fontainier se livra à des essais qui ne réussirent pas. On trouverait sans doute aux archives le détail de ces deux affaires.

En 1600, un habitant d'Aubarne essaya vainement de dériver les eaux du Gardon vers la Fontaine, par des crevasses naturelles des bords de la rivière, et par des anfractuosités et cavernes qu'il croyait en communication avec la source.

En 1693, un arrêt du conseil réprima les usurpations des riverains sur les eaux de la Fontaine.

En 1730, le commerce et les habitans notables de Nismes réclamèrent vivement la restauration de la source; l'ingénieur Guiraud présenta des plans à cet effet. En 1739, les ingénieurs Clapier et Dardaillon présentèrent d'autres plans qui furent suivis de ceux de l'ingénienr Maréchal, qu'on exécuta enfin sous la direction de Dardaillon, et qui nous ont donné, en 1753, la Fontaine telle que nous la voyons aujourd'hui.

Par suite des travaux de MM. Valz et Grangent, M. Cavalier, maire, traita en 1824 pour onze fontaines jaillissantes à construire dans l'intérieur de la ville, et à alimenter par les eaux de notre source. M. de Chastellier, maire, inaugura la première en 1826; il y en a maintenant quarante six d'existantes.

Après 1826, on considéra que puisque le relèvement du déversoir de la Fontaine, opéré pour faire marcher le bélier hydraulique, faisait diminuer la quantité d'eau, il était infiniment probable que cette quantité augmenterait si l'on prenait les eaux plus bas encore que le déversoir ancien. On pensa qu'on pourrait, d'ailleurs, avec la même pompe qui puiserait au fond du bassin, élever des eaux au niveau des quartiers supérieurs de la ville privés de fontaines. Les expériences tentées dans ce sens auraient pu l'être avec plus d'économie. Nous apprécierons leurs résultats, leurs dangers, la direction qu'on pourrait leur donner pour en déduire des conséquences utiles.

III.

Projets pour amener les Eaux du Rhône.

En 1561, des ingénieurs dressèrent un plan pour conduire les eaux du Rhône à Nismes ; nous ignorons si c'était par un canal navigable ou par un simple aqueduc. Ce projet n'eut pas de suite.

Actuellement, une société encore anonyme propose d'élever les eaux du Rhône à Comps, par une machine, et de les amener à Nismes, soit en profitant de l'aqueduc romain, soit en en construisant un nouveau. Un projet pareil, présenté en 1787, avait déjà été combattu par M. Delon.

D'autre part, M. Ernest Dombre propose de prendre les eaux du Rhône à Viviers, et de les amener par un canal navigable ; nous ne pouvons que répéter qu'avec les chemins de fer réalisés ou en projet, un canal navigable est moins que jamais nécessaire, et qu'une pareille entreprise se trouve malheureusement en trop grande disproportion avec les ressources de la cité.

IV.

Projets pour amener les Eaux du Gardon.

En 1788, sur la demande de la communauté et de plusieurs notables citoyens, M. Delille, ingénieur des

États, dressa les plans et devis d'un projet qui consistait à prendre les eaux du Gardon sous Boucoiran, à la fuite des moulins Calvière, et à les amener à Nismes par un percé.

En 1793, les habitans de Nismes demandent de nouveau à la ville et aux États du Languedoc l'exécution de ce projet.

En 1809, M. le Préfet d'Alphonse s'associait de tous ses vœux au projet de M. Blachier, qui, tout en promettant un canal de navigation, devait aussi conduire à Nismes des eaux pour la ville.

En 1822, quand MM. Despuech et Durand proposaient leur canal de navigation, ils voulaient amener aussi des eaux pour l'usage particulier de Nismes, au moyen d'une rigole à niveau supérieur à celui du grand canal.

En 1829, M. Benjamin Valz offrit de réaliser un projet qui, probablement à son insu, n'était autre que celui de M. Delille. Son travail reçut l'approbation de MM. Grangent, de Seynes, Bouvier, Roustand et Durand, commissaires chargés de procéder à son examen : il s'associa M. Fauquier pour l'exécution.

En 1832, M. Talabot proposa d'amener d'Anduze et d'Alais les eaux du Gardon à Nismes, par des travaux liés à ceux du chemin de fer.

Plus tard, M. Perrier a adopté un des parcours possibles de la rive droite du Gardon.

V.

Projets de restauration de l'Aqueduc romain, en tout ou en partie.

Cette restauration est conseillée en 1772 par l'ingénieur Clapier; en 1775, dans un mémoire du chevalier Dubans; en 1774, dans le mémoire de l'ingénieur Angrave, couronné par l'Académie de Nismes.

De 1787 à 1791, M. Delon, conseiller au présidial, n'a cessé de publier mémoires, réclamations et pétitions, soit à la ville, soit au gouvernement, pour obtenir la restauration de l'aqueduc romain depuis le Pont du Gard; son but était d'y verser les eaux du Gardon élevées par des pompes, et de plus, ce qui mérite attention, le *produit des onze sources importantes* qu'il dit exister sur le parcours de l'aqueduc du Pont du Gard à Nismes, et que, selon lui, les Romains auraient antérieurement recueillies. Ce point nous paraît réclamer de sérieuses investigations.

En 1791, l'ingénieur Ramus certifie que le projet de M. Delon n'a rien d'impracticable.

En 1788, l'avoué Perrin avait présenté un projet qui n'était qu'un diminutif de celui de M. Delon; celui-ci crie aussitôt au plagiat contre Perrin et plusieurs autres.

Nous ignorons la suite de ces disputes et l'issue du concours que la ville avait ouvert avec un prix de trois mille francs.

MM. Simil et Bouchet ont repris postérieurement l'idée de Delon, d'élever les eaux du Gardon avec des pompes mues, soit par le courant de la rivière, soit par une machine à vapeur, et de les verser dans l'aqueduc à l'extrémité occidentale du pont.

En 1830, M. Nisard renouvelle l'observation déjà faite par MM. Barnier de Valcaude, Delon et autres, que, dans certaines parties de son parcours, l'aqueduc du Gard est encore plein d'eaux utilisables, vives et abondantes. M. Pellet, cité par lui, regarde la restauration de l'aqueduc comme très-praticable.

En 1832, M. Alphonse de Seynes s'occupe d'un projet de restauration générale; mais il s'arrête effrayé de l'énormité de la dépense, surtout à cause des indemnités auxquelles la ville d'Uzès aurait droit. A l'occasion de constructions privées qu'il est appelé à diriger à Ledenon, ils constate que l'aqueduc romain contient des eaux souvent fort incommodes au voisinage.

M. Valz avait fait la même observation sur ces eaux et avait pensé qu'on pourrait les utiliser pour la ville de Nismes.

VI.

Projets d'employer les Eaux les plus voisines de Nismes.

En 1719, par une sècheresse extrême, M. l'ingénieur Clapier se convainquit que certains puits de la partie élevée de la ville pourraient fournir des fontaines jaillissantes à la partie basse. Il prouva, en même temps, que le niveau de notre belle source permettait d'en dériver des fontaines pour la plupart des rues et places, projet repris depuis par M. Valz et exécuté de nos jours à la grande satisfaction des habitans.

MM. Baumes et Vincens, auteurs de la *Topographie de Nismes*, ont imprimé en 1802, qu'on pourrait trouver dans la ville même des sources propres à fournir des fontaines dans les quartiers bas; que des eaux indépendantes de la grande source les alimentent, et ils s'étonnent qu'on n'ait pas cherché à utiliser une nappe d'eau excellente qui traverse tout l'emplacement de la ville.

Depuis douze années au moins, M. Jean Rey soutient avec constance que le territoire de Nismes offre des eaux plus que suffisantes pour les besoins de ses habitans, et se fonde surtout sur la grande quantité de puits et puisards intarissables qu'on trouve, les uns dans la ville, les autres dans les jardins potagers qui sont au bas du côté du midi, et qui donnent pour l'arrosement dix fois plus d'eau qu'il n'en manque pour les usages domestiques ou industriels. M. Rey pense aussi que l'eau que fournit actuellement la Fontaine pourrait être aménagée avec plus d'entente et d'économie; qu'on pourrait profiter au Cours-Neuf, aux Égorgeoirs et dans la plaine celle qui coule surabondamment pendant neuf mois de l'année; qu'on pourrait même établir de vastes bassins comme réservoirs et approvisionnement pour les momens de disette.

Comme on l'a vu dans nos précédens articles, nous nous sommes rangés nous-même à l'opinion qu'il existait des eaux abondantes sous le sol de Nismes même ou dans les environs, et nous ne voyons aucun motif d'en changer; au contraire, un examen plus approfondi nous y attache toujours davantage, et nous sommes persuadé qu'on obtiendra facilement pour la ville plus d'eau qu'il n'en faut, c'est-à-dire, de cinquante à cent pouces et plus si on le veut, en tirant parti avec intelligence :

De la lame d'eau qui traverse la ville, suivant les observations de MM. Vincens et Baumes;

De la nappe d'eau qui fournit à tous les puisards de la plaine, suivant celles de M. Rey;

Des eaux qui se trouvent encore dans l'aqueduc du Gard, suivant MM. de Valcaude, Nisard, Valz et de Seynes;

Des onze sources que les Romains avaient amenées par le même aqueduc (non compris celles d'Eure et d'Airan), et qui, à elles seules, produisaient les deux tiers de la masse totale, suivant Delon;

De la source de Vaquerolle que les Romains n'avaient pas négligée et de plusieurs autres sources plus ou moins belles qui sont connues sur le territoire, sans compter celles à découvrir encore, dont M. Paramelle a pu faire la recherche et l'indication.

Ne perdons pas de vue *que le seul besoin réel, aujourd'hui, est un supplément d'eau pour les usages économiques et industriels.*

On a calculé que, pour les usages domestiques, il fallait un pouce d'eau par mille habitans. Nismes a quarante-cinq mille ames, la Fontaine donne à son point le plus bas et par les étés les plus secs un minimum de soixante et quinze pouces; c'est donc trente pouces qu'il reste, une fois les habitans satisfaits, pour rafraîchir les rues, les promenades, ou pour l'industrie. Si cette limite est étroite, si elle doit le devenir davantage à mesure que la population augmentera, il nous semble qu'un supplément de cinquante à cent pouces doit pour longtemps suffire à toutes les éventualités.

Dans ces limites, la ville peut combiner le meilleur projet, s'y fixer et l'effectuer avec ses propres ressources.

Quant aux projets de canaux navigables et de chutes d'eau pour des usines, qui obligeraient à demander des milliers de pouces, le déplacement d'une rivière, nous l'avons déjà dit, les chemins de fer et la vapeur ont rendu leur nécessité plus que problématique. Bien qu'il fût agréable et utile de posséder de pareils établissemens, la ville ne souffre pourtant pas de leur privation au point d'être obligée à une exécution immédiate. On peut ajourner longtemps encore de pareils projets, et comme ils sont d'utilité générale et française, autant que d'utilité locale et purement nîmoise, il convient d'attendre que le gouvernement se charge de les exécuter, si ce n'est en entier, du moins en grande partie.

Nismes, le 15 mai 1842.

—

SYSTÈME DE M. DELON.

Nos pères se rappellent les travaux constans, les recherches infatigables de leur contemporain M. Delon, ainsi que les contrariétés qu'il éprouva et les discussions qu'il eut à soutenir relativement à son projet *d'amener des eaux à Nismes.*

Il a publié une foule d'opuscules, de notes, de réclamations qui, réunis, forment un volume de quatre à cinq cents pages in-8°. Beaucoup de choses sont sans intérêt aujourd'hui dans ce recueil dont la lecture est extrêmement fastidieuse à cause des redites continuelles et de l'uniformité du cadre ; mais il en est d'autres qu'il est bon de ne pas laisser périr. Certaines de ces idées auront peut-être un jour leur utilité pratique, et, pour ne rien négliger dans une histoire spéciale, nous allons tâcher de les séparer, de les recueillir, et de réduire, sans rien omettre d'essentiel, aux dimensions d'une mince brochure, le gros volume de notre auteur.

Delon n'était ni géomètre ni architecte ; on s'en aperçoit au premier coup d'œil qu'on jette sur son livre, et c'est une chose regrettable, car avec quelques connaissances spéciales il aurait évité des divagations et des erreurs qui l'ont discrédité. Cependant, quand un homme qui n'est pas fou, qui a reçu une éducation libérale, qui est légiste et juge, s'occupe avec passion presque toute sa vie, d'un objet intéressant, il est impossible qu'il n'avance que des erreurs ou des choses inutiles.

On peut dire que Delon est né et qu'il a vécu sur l'aqueduc romain. Il vit le jour à Sernhac, qu'il habita la première partie de sa vie ; par diverses circonstances, il vint se fixer pendant trois ans à Uzès et, de là, il se rendait souvent à la campagne de M. Angeli, son oncle, au village de Saint-Maximin ; enfin, il fut nommé juge au présidial de Nismes, ce qui l'y fixa jusqu'à sa mort.

« Ce n'est point le hasard, dit-il, ni la lecture des » livres qui m'ont conduit à mes découvertes, mais » bien de longues années de recherches assidues sur » le terrain. Chasseur dès mon enfance jusqu'à l'âge » mûr, j'ai exploré mille fois tous les environs de » Nismes, de Sernhac et d'Uzès, pour ainsi dire, » *pierre par pierre*, et je dois connaître, mieux que » personne, le parcours de l'aqueduc romain, *ses origines*, et ce qu'il a donné d'eau à la ville de Nismes » quand il était encore dans sa primitive intégrité. »

J'ajouterai que la passion de Delon pour ses recherches était si forte, qu'il les continua même au moment le plus critique de la Terreur. Ses allées, ses explorations continuelles sur le terrain aux environs de Nismes, excitèrent le patriotisme ombrageux des paysans et de leurs officiers municipaux : c'est un traître, se dirent-ils, qui lève le plan de la contrée pour nous livrer à l'ennemi, et, sur-le-champ, ils le saisissent et le conduisent fièrement à la ville, où il lui fallut sans doute d'incontestables certificats de civisme pour obtenir sa liberté : cette aventure ne le rebuta pas.

Fort de son expérience et de ses découvertes, Delon crut devoir combattre l'historien Ménard et l'ingénieur Angrave, sur le parcours qu'ils avaient assigné à l'extrémité de l'aqueduc romain, bien que leur opinion eût reçu la sanction de l'Académie de Nismes où se trouvaient alors des antiquaires distingués.

Cependant, sur ce point, Angrave et Ménard avaient raison. L'aqueduc venant d'Uzès, arrivé près de St-Baudile, passait, comme ils le voulaient, sur les collines, et non beaucoup plus bas, comme le prétendait Delon. Ses recherches n'en furent pas moins précieuses, car s'il abandonna le véritable aqueduc qui portait les eaux à Nismes, il découvrit un aqueduc efférent qui était tout-à-fait inconnu, qui prenait à Nismes même les eaux venues du Pont du Gard et les conduisait, en sens inverse, vers Marguerittes. Cet aqueduc se rapprochait souvent du premier ; leur marche était presque parallèle, mais leurs pentes étaient en sens opposé, ce dont Delon ne s'aperçut pas.

C'est M. Valz qui, de nos jours, a assigné la direction véritable, la pente et l'usage de cette seconde artère, et l'a nettement distinguée de l'autre. Pour redresser les erreurs, pour éclairer les points obscurs relatifs à la question des eaux, c'est presque toujours à M. Valz qu'il faut avoir recours.

Delon s'ocupa avec persévérance, depuis 1786 jusqu'en 1793, de publier les recherches de toute sa vie et de les perfectionner; puis, quand il crut être fixé sur le parcours de l'aqueduc, il chercha à persuader ses compatriotes de l'importance d'une restauration, quand même elle ne devrait être que partiellement exécutée.

L'analyse de ses travaux se divise donc naturellement en deux parties :

1° Parcours de l'aqueduc romain ;

2° Avantages qu'on peut en tirer encore ainsi que de ses annexes.

I.

Parcours de l'Aqueduc romain.

Nismes a le Gardon à trois lieues au nord, le Rhône à la même distance à l'Est, le Vidourle à quatre lieues à l'Ouest, la Méditerranée à six lieues au Sud, et pourtant Nismes manque d'eau.

On a pensé à amener l'eau du Gardon, *mais pendant trois mois cette rivière est trop pauvre.* On a pensé au Rhône pris à Comps, mais il faudrait, avec des pompes à feu, élever l'eau à la hauteur des montagnes qui le dominent, puis construire un canal de quatre lieues, ce qui serait trop coûteux.

Nismes, colonie romaine, renfermait soixante-dix mille habitans dans ses murs lorsque les eaux de la Fontaine devinrent insuffisantes pour fournir à leurs besoins ; alors, et après avoir sans doute examiné attentivement la question du Gardon et du Rhône, les Romains se décidèrent à d'immenses sacrifices pour amener des eaux à Nismes : ils construisirent jusqu'à Uzès, un aqueduc qui avait sept lieues de longueur, en suivant ses divers circuits et développemens.

Les trois quarts des ouvrages qui formaient ce superbe canal étaient souterrains et existent dans leur perfection. L'aqueduc romain forme un fer à cheval, Uzès est à un bout, le Pont du Gard au centre et Nismes à l'autre bout.

Dans le terroir d'Uzès, les parties de l'aqueduc qui sont à la surface sont dégradées, la voûte surtout, mais le plus souvent le fond et les parois subsistent ; les parties souterraines sont en général intègres.

Partant du pied de la ville d'Uzès, l'aqueduc suit pendant quelque temps la vallée de la rivière d'Eure, puis il prend à l'Est la direction du village de Saint-Maximin.

Il traverse le torrent de *Bord-Nègre* sur un pont. A demi-quart de lieue au levant de Saint-Maximin, le canal, qui est souterrain, semble fait de la veille : il va du couchant au levant, toujours sous le sol, dans l'étendue de ce territoire, et traverse de même ceux d'Argiliers et de Vers.

A l'extrémité du territoire de Vers, sur la limite de celui de Castillon, l'aqueduc cesse d'être enfoui : il s'élève sur une suite d'arcades pendant un quart de lieue jusqu'au Pont du Gard, et c'est la partie la plus dégradée ; quelques arcades sont entières, les piles des autres subsistent.

Après le Pont du Gard, l'aqueduc entre dans les montagnes voisines. Les Romains mirent quinze ans à faire leurs nombreux percés. Toutes les collines, du Pont du Gard à l'auberge de Lafoux sont percées, et les vallons qui les séparent sont nivelés par de petits ponts aqueducs. C'est ainsi jusqu'au milieu de la distance de l'auberge de Lafoux à celle du nommé Bouis.

Là, une suite d'arcades, qui partait de la montagne au couchant de l'auberge de Lafoux, et qui pouvait avoir deux cents pas de longueur, conduisait l'aqueduc à la grande montagne qui est au midi de la même auberge. Tout ce morceau fut détruit par les moines qui construisirent le monastère de St.-Bonnet et qui s'emparèrent des matériaux. On le retrouve dans ce village, sous la maison du sieur Jacques Lafont, ménager.

L'énorme montagne qui est au midi de l'auberge de Bouis reçoit l'aqueduc dans son sein. Il arrive dans le territoire de Sernahc, et, après avoir serpenté pendant un quart de lieue sous cette chaîne qui est au nord du village, il devient visible dans un vallon au midi d'un rocher appelé le *Rocher de Delord.*

A cet endroit, Delon est entré plusieurs fois dans les voûtes opposées de l'aqueduc, béantes de chaque côté de la petite vallée : l'une, comme nous l'avons déjà dit, taillée dans le roc vif, remonte jusque sous Sernhac où elle passe sous le quartier le plus élevé appelé *la Bourgade* ; un puits percé là, par hasard, au travers du roc qui recouvre l'aqueduc, vint s'y alimenter quand on eut rompu la voûte. Au terroir de Sernhac, il passe dans le vallon des Escaunes.

Si nous retournons au pied du *Rocher de Delord*, dans la petite vallée dont nous avons déjà parlé, et que nous suivions le côté de la rupture de l'aqueduc opposé à celui que nous venons d'examiner, c'est-à-dire, celui qui, au lieu de se diriger vers Sernhac se dirige vers Nismes, nous le verrons toujours taillé dans le roc vif et à la profondeur d'environ douze pieds sous terre. Il se prolonge ainsi jusqu'à l'étang de Lognac, terroir de Lédenon, où il devient encore visible par un de ses côtés qu'on découvrit en faisant un fossé, et *duquel découle une source qui ne tarit jamais dans le temps des plus grandes chaleurs.*

A l'étang de Lognac on le trouve encore dans le puits à roue du seigneur de Clausonne : il contourne l'église, arrive dans le puits de la métairie de Paza, appartenant à madame Pinsonnel ; on le voit dans le fossé des champs de Rousset, bourgeois ; de Michel, ménager. Sur la gauche du chemin de Meynes à Bezouce, on le voit encore dans le fossé du champ de Portal, ménager, et, un peu plus bas, sur la droite du même chemin, dans le puits de Brunel fils, travailleur de terre.

On ne peut le suivre plus loin, mais on juge *par le nivellement*, qu'il traverse de la même manière la plaine des villages de Bezouce, de St.-Gervasy, et Delon ajoute à tort, *de Marguerittes.*

C'est aux environs de St-Gervasy que commence le dissentiment qui divise Delon d'avec Ménard et Angrave ; ceux-ci veulent que, de St-Gervasy, l'aqueduc romain se dirige sur Nismes par les collines au pied desquelles se trouve le monastère de St-Baudile, pour entrer dans la ville par l'ancienne porte d'Alais, passer sous la citadelle , et déboucher à la hauteur de la plate-forme qui domine la Fontaine.

Delon, au contraire , après avoir dit qu'il était faux que l'antique aqueduc venant d'Uzès passât sur les collines de St-Baudile et de la Tour-Magne, soutient que le niveau de tout le reste s'y oppose. Il a trouvé une portion du véritable aqueduc (*selon lui*), dans un ravin, au nord du premier pont du chemin d'Avignon, près de la métairie *Sanier*, aujourd'hui *Bousquet*, aux environs aussi du monastère St-Baudile, mais à un niveau de beaucoup inférieur à celui de l'aqueduc parallèle qu'indique Ménard. Ce dernier aqueduc, poursuit Delon, ne pouvait absolument recevoir les eaux venant du Pont du Gard , et M. Angrave ayant suivi l'aqueduc romain , comme moi , du Pont du Gard jusqu'au dessous de St-Bonnet, au-dessous de la métairie de Pansa , le long du chemin de Meynes, il n'aurait pas dû en placer la suite au-dessus du monastère de St-Baudile à Nismes. Le niveau veut qu'il soit bien au-dessous ; ce qui m'a amené à le retrouver, placé près de la première porte en fer de la métairie du sieur Bousquet , entre cette métairie et le chemin d'Avignon.

Egaré par sa découverte , Delon se donna une

peine inouïe pour rattacher à cet aqueduc du ravin Bousquet, le commencement et la fin de l'aqueduc d'Uzès; il ne put y parvenir, mais il n'en découvrit pas moins un aqueduc nouveau de plus d'une lieue de longueur, allant du bord du Nymphée à Nismes, jusque vers Marguerites.

Voici ce qu'il en dit :

« L'aqueduc romain versait à Nismes dans le Nymphée de la Fontaine; de là, si nous le suivons en rétrogradant, il passait dans le jardin de M. Girard, près du pavillon de la ville; il traversait le faubourg des Bénédictins, passait vers le Cours dans toute l'étendue de la ville, devant les Casernes, traversait le faubourg Richelieu, et venait se montrer dans le ravin, près de la métairie du sieur Bousquet.

Partant de là, il traversait les pièces de terre du sieur Jaussaud, près du chemin de Courbessac, lorsqu'on quitte ce chemin à la capitelle d'Orphan; on trouve là, en effet, un grand aqueduc bien conservé et qu'on peut suivre longtemps, tant dans la direction de Nismes que dans celle de Remoulins, sous les terres de M. Mercier, avocat, et sous celles de MM. Possac et Monpeau. Pour éviter la descente qui est près de la croix de Marguerites, le même aqueduc, toujours enfoui, se détourne et va reparaître dans la métairie d'Altérac, appartenant à madame de Rozel. Là, il est taillé dans le roc jusqu'à la naissance de la voûte; sa direction est du midi au nord, et sa pente du midi au nord, aussi.

Il est étonnant que Delon ne se soit pas aperçu ici

que cette pente était en sens inverse de ce qu'elle devait être, mais il ne s'arrêta pas sur cette circonstance. Au lieu de conclure de cette pente inverse, qu'il avait affaire à un aqueduc efférent, non pas afférent, il pensa, sans doute, à quelque changement de direction momentané et sans importance.

Au mas Altérac, Delon perd l'aqueduc et se livre à diverses conjectures sur son parcours probable à droite ou à gauche de la route royale, jusqu'à ce qu'il le retrouve à Bezouce, dans la maison du sieur Londès de Nismes, où nous étions restés.

Nous avons dû exposer ces découvertes de Delon en marche rétrograde de Nismes vers Marguerites, pour faire sentir que, de là jusqu'à Bezouce, il y avait une solution de continuité dont au reste il était lui-même forcé de convenir.

Quant au canal de la porte d'Alais, procédant du nord de St-Baudile, traversant le rempart, le dessous de la citadelle, la maison du sieur Denis, travailleur de terre, le jardin des Bénédictins, suivant toute la longueur de la colline, et se rendant enfin à la plate-forme de la Fontaine, il fallait bien en faire quelque chose après avoir rejeté l'opinion d'Angrave et de Ménard.

Delon ne veut pas que les eaux des fontaines d'Eure et d'Airan aient jamais pu s'élever jusque là; il regarde ces canaux comme de simples réservoirs pour les parties élevées de la ville, et, pour soutenir son opinion, il se trouve réduit à de nouvelles hypothèses.

Selon lui, ce canal supérieur était exclusivement

alimenté par la fontaine de Vaquerolle. Ce canal, de la porte d'Alais, dit-il, se prolonge en remontant jusque dans la cave de la métairie du *Pastre*; il contourne la colline sur laquelle sont situés les moulins à vent au nord de Nimes, va traverser le chemin royal qui conduit à la ville d'Alais, et arrive, par les hauteurs dans le vallon où est situé le château de Vaquerolle, qui est à une grande élévation par rapport à notre cité.

Il croit cet aqueduc caché et taillé dans le rocher, de la porte d'Alais jusqu'à Vaquerolle, ce qui le lui fait supposer dans un parfait état de conservation et facile à rendre à son usage primitif.

Ce qui confirmait Delon dans l'idée que les Romains avaient jadis conduit à Nismes *la superbe source de Vaquerolle,* située à une lieue à l'ouest sur la route de St-Hippolyte, c'était la construction du réduit maçonné qui entoure cette source et qui est véritablement un ouvrage romain.

L'enceinte en est formée par une bâtisse de pierres énormes; elle a la forme d'un rectangle long de dix pieds et large de six dans œuvre. Les murs ont huit pieds de hauteur jusqu'à la naissance de la voûte. Dans le bas de la pièce et contre les murs, il y a une banquette en saillie faite avec des pierres d'un pied d'épaisseur et de dix-huit pouces de largeur qui donnent la facilité de marcher à sec autour de la source.

La voûte de cette pièce est moderne et sans doute une reconstruction; le canal qui conduit les eaux au château de Vaquerolle est moderne aussi ; mais, à quelques pas de ce canal récent, il y a des vestiges du vieux canal couvert avec des dalles d'une bâtisse très-solide et qui annonce un ouvrage des Romains.

Pour terminer sur toutes les découvertes et les opinions de Delon, relatives aux aqueducs, nous devons ajouter :

Qu'ayant trouvé un grand aqueduc antique dans la maison du sieur Dombres, près de la Maison-Carrée ; un autre, dans l'Enclos des Recollets, dans lequel on avait placé un puits-à-roue ; un autre plus petit dans la maison Mourrelet, menuisier, au même quartier, il considérait que les Romains avaient destiné ces canaux à conduire, du couchant au levant, à travers la ville de Nismes, les eaux de notre Fontaine réunies avec celles des sources d'Eure, d'Airan, et plusieurs autres, afin que toute la ville fût abreuvée par des eaux excellentes, ces canaux devant se ramifier en d'autres plus petits.

En résumé :

M. Delon a passé une bonne partie de sa vie à rechercher, à décrire les traces des aqueducs antiques dans Nismes et dans les environs ;

Il a donné en détail et avec vérité le parcours du grand aqueduc romain depuis Uzès jusque vers Saint-Gervasy ;

Là, il est tombé dans l'erreur, il a abandonné la véritable direction ; mais en cherchant, par suite d'une faute de nivellement, l'extrémité de son aqueduc principal, ailleurs que là où elle était connue et apparente, il n'en a pas moins découvert un aqueduc nouveau et remarquable.

Selon lui, la terminaison de cet aqueduc était au levant du Nymphée et il se dégorgeait dans le bassin de la source avec une chute de six pieds ; tandis qu'en réalité, il n'était destiné qu'à prendre, dans le véritable aqueduc principal, les eaux excédantes, celles qui n'étaient pas nécessaires à la cité, pour les conduire du côté de Marguerites.

Malgré l'erreur d'explication, la découverte n'en est pas moins intéressante.

Delon a reconnu et signalé divers aqueducs, tuyaux et rigoles, distribuant l'eau dans plusieurs quartiers de la ville : ces découvertes témoignent de son activité et de sa persévérance.

Enfin, après avoir donné à l'aqueduc de Marguerites un usage qu'il n'avait pas, notre auteur, pour trouver un emploi à l'extrémité du véritable aqueduc principal, fut obligé de supposer que cette extrémité servait à conduire à Nismes les eaux de la fontaine de Vaquerolle. Ce n'était point l'emploi de ce canal, ses dimensions le montrent assez ; il n'est pas prouvé que les eaux de Vaquerolle soient venues par là à Nismes ; mais il n'en reste pas moins, que des constructions romaines annoncent que ces eaux ont été utilisées pour quelque but important, et qu'elles peuvent l'être encore ; nous reviendrons sur ce sujet.

Vu les travaux immenses de Delon et la persistance de son zèle patriotique, attendu qu'on ne lit plus aujourd'hui l'ensemble de ses opuscules, nous avons regardé comme un devoir d'en faire une analyse consciencieuse, pour qu'on pût au moins lui rendre la justice qui lui est due.

Nous passerons maintenant aux conséquences qu'il a cru pouvoir tirer des recherches de toute sa vie ; ce sera l'objet d'un prochain article nécessaire puisque le mérite de toute découverte gît principalement dans les applications utiles qu'on en peut faire.

II.

Avantages qu'on peut tirer encore de l'ancien aqueduc romain et de ses annexes.

Quand les Romains construisirent un aqueduc qui a sept lieues de développement, pour amener à Nismes les eaux de la fontaine d'Airan, située au-delà d'Uzès près du village de St-Quentin, et celles de la fontaine d'Eure qui naît au pied de la ville même, peut-on raisonnablement penser qu'ils négligèrent de s'approprier et de conduire les différentes sources qui se trouvaient sur leur chemin, et qui étaient bien plus voisines que celles d'Eure et d'Airan ?

Cette réflexion, si naturelle, conduisit M. Delon à des découvertes qu'il regarde comme très-importantes et que nous allons maintenant rappeler. Nous le faisons avec d'autant plus d'intérêt que nous trouvons de grands rapports entre les idées de notre auteur et celles que nous avons émises nous-même avant d'avoir lu ses mémoires. Son autorité doit encourager la ville à poursuivre les fouilles qu'elle va faire entreprendre sur les indications de M. l'abbé Paramelle, et dont nous dirons quelques mots à la fin de cet article.

Nous ne doutons pas que les idées de Delon jointes à un système bien entendu de recherches, de fouilles et de déblaiement qui en serait le corollaire, ne produisissent pour la ville des résultats très-avantageux : j'en reviens à mon analyse.

Dans ses courses de chasseur, d'abord, puis de curieux antiquaire et d'explorateur qui étudie avec passion un projet qu'il croit utile à sa patrie, Delon reconnut que la chaîne de montagnes qu'on suit et qu'on a constamment au nord, en allant de Nismes à Remoulins, donnait naissance à sept belles sources qu'il désigne ainsi :

Dans le territoire de Nismes,

1° La fontaine qui est auprès de la métairie Gaujoux, au bas du chemin d'Uzès ;

2° La fontaine appelée Font-Escalière.

Dans le territoire de Courbessac,

3° La fontaine qui porte le nom du village.

Dans le territoire de Marguerites,

4° La fontaine appelée Roque-Courbe.

Dans le territoire de Cabrières,

5° La fontaine appelée du nom de ce village.

Dans le territoire de St-Bonnet,

6° La fontaine appelée la Font-de-Tartuyé ;

7° Et près du village même, la fontaine qui en porte le nom.

Suivant lui, ces sept fontaines donneraient un volume d'eau considérable.

Il pensa que les Romains les conduisaient dans leur grand aqueduc venant d'Uzès ; et, à force de recherches et de persévérance, il découvrit cinq petits aqueducs antiques, répondant aux fontaines Gaujoux, Font-Escalière, de Courbessac, de Cabrières et Tartuyé ; l'un desquels recueillait aussi probablement les eaux de la fontaine de Roque-Courbe.

Quant à la fontaine de St-Bonnet, il croit qu'elle fut jointe à l'aqueduc principal par celui dont on trouve des vestiges dans le vallon des Escaunes, terroir de Sernhac. Il observe que les traditions populaires sur ces six petits aqueducs sont tout-à-fait erronées; qu'aucun auteur n'en a parlé avant lui, et qu'il n'est pas étonnant que le souvenir de leur usage se soit perdu, la ruine de l'aqueduc général devant se rapporter aux incursions des Visigoths et des Sarrasins. Selon nous, il faudrait remonter à l'an 408, car nous pensons que la dévastation de ce monument doit être attribuée à Crocus et à ses Vandales.

Encouragé par ses découvertes, Delon ne se borna pas à étudier ces petits aqueducs particuliers qui étaient, selon lui, une dépendance du grand venant du Pont du Gard, mais il se mit à examiner avec plus de soin l'état de ce grand aqueduc jusqu'à Nismes, et à chercher aux environs quelles sources on pourrait y diriger, outre celles qu'il avait déjà découvertes et que nous avons énumérées. Il espérait obtenir des résultats assez satisfaisans pour que les habitans de Nismes n'eussent plus à regretter d'être privés des eaux des fontaines d'Eure et d'Airan qu'il jugeait impossible d'enlever sans injustice aux habitans d'Uzès. Il trouva d'ailleurs, que la portion du grand aqueduc entre Uzès et le Pont du Gard était la plus dégradée et par conséquent trop coûteuse à rétablir.

Par un nouvel examen, il se convainquit que du Pont du Gard au vallon des Escousses, terroir de Sernhac, l'aqueduc traverse plusieurs collines, et qu'étant taillé dans le rocher, il ne peut être que très-bien conservé, sur un développement de plus d'une lieue. Placé dans d'autres conditions, l'aqueduc a souvent souffert, mais néanmoins le fond existe presque toujours, et souvent les murs latéraux.

Les grandes dégradations cessent à Sernhac; et, de là jusqu'aux portes de Nismes, l'aqueduc n'éprouve plus que des interruptions de peu d'étendue.

On trouve, dit-il, depuis Nismes jusqu'à l'étang de Lognac, ce qui ferait quatre lieues en développe- l'aqueduc aussi bien conservé qu'il l'était du temps ment, des Romains. La raison en est dans la solidité de l'ouvrage et sa position souterraine qui l'ont mis à l'abri de toute atteinte. Pour le rétablir, il n'y aurait peut-être pas plus de demi-lieue d'ouvrages à construire dans les endroits où le canal a son nivellement hors de terre. Encouragé par le bon état de l'aqueduc, Delon reprend avec ardeur la recherche des sources qu'on peut y conduire, et il apprend :

Que dans le terroir de Bezouce on a coupé la voûte de l'aqueduc, et qu'on l'a trouvé plein d'une eau courante considérable par son volume, et précieuse par sa continuité dans le temps des grandes chaleurs;

Qu'entre Bezouce et Meynes, le sieur Brunel fils a établi un puits dans le canal même, et qu'un peu plus haut, dans le champ du nommé Portal, il sort de l'aqueduc, dans toutes les saisons de l'année, une très-belle eau qui coule du levant au couchant vers Nismes;

Qu'à l'étang de Lognac, M. de Clausonne ayant fait construire une métairie près de l'aqueduc, on y a placé, en coupant la voûte qui le couvre, le chapelet d'un puits-à-roue qui arrose un jardin voisin, et que l'abondance des eaux se soutient pendant les grandes chaleurs de l'été. De ce puits-à-roue sort la fontaine qu'on appelle *Font-en-Gour*.

Il ne lui paraît pas douteux que ces eaux qui coulent, en suivant le nivellement de l'aqueduc, du levant au couchant vers la ville de Nismes, ne soient le produit des sources qui, depuis Sernhac jusqu'à Lognac, y ont été jointes par les Romains.

L'aqueduc s'observe au village de Sernhac dans plusieurs puits où la grande quantité d'eau surmonte en général sa voûte.

Outre les cinq petits canaux affluens qu'il avait déjà annoncés, Delon en découvre bientôt plusieurs autres répandus sur les montagnes depuis Nismes jusqu'à St-Bonnet, et qui versaient jadis aussi les eaux de diverses fontaines dans le grand aqueduc.

Un de ces petits affluens découvert par lui, aurait porté lui seul les eaux réunies de *Font-Veirague*, de la fontaine appelée le *Puits-Brunel*, de *Font-Escalière* et de la fontaine de *Courbessac*, il aurait joint le grand aqueduc au pied de la montagne des Fourches patibulaires.

Dans un puits de la métairie du sieur Defrance, située sur le chemin d'Uzès, il y a un petit aqueduc romain qui traverse ce puits ; il a servi pour porter les eaux de la fontaine du mas de *Calvas* appartenant à M. Gaujoux, et située plus haut que la métairie du sieur Defrance, dans le grand aqueduc qui est au-dessous.

Cette artère passant dans la métairie dite d'Altérac, près de la fontaine située dans la métairie de M. Descombiès, appelée *Font-Aubarne*, il est très-probable que les Romains, par une voie particulière, lui auront aussi joint cette source.

Au-dessus de Marguerites, sur la gauche du chemin allant de Nismes à Remoulins, il y a un petit aqueduc pour porter dans le grand les eaux de *Cabrières* et de *Roque-Courbe*.

A St-Bonnet, un autre petit aqueduc ramasse les eaux des fontaines *Tartuyé* et de la *Bergerie de Fleuri*, pour les conduire au principal, dans le vallon des Escaunes, terroir de Sernhac.

Les Romains avaient donc joint, par de petits aqueducs particuliers, à l'aqueduc majeur, l'eau de onze fontaines, au lieu de sept que Delon avait d'abord énumérées, savoir : 1° Celle de St-Bonnet, — 2°

celle de Fleuri, — 3° celle de Tartuyé, — 4° celle de Cabrières, — 5° celle de Roque-Courbe, — 6° celle de Font-Aubarne, — 7° celle de Courbessac, — 8° la Font-Escalière, — 9° celle du puits Brunel, — 10° la fontaine Veyrague, — et 11° enfin, celle du mas Gaujoux ou Calvas.

Delon avance qu'en réunissant ces onze sources, on pourrait donner à la ville de Nismes, huit cent quarante pieds cubes d'eau par minute.

Aux huit cent quarante pied cubes d'eau produits ainsi, il voulait joindre deux cent cinquante pieds cubes par minute, qu'il aurait pris dans le Gardon et élevés au moyen de deux pompes à feu, obtenant ainsi mille quatre-vingt-douze pieds cubes d'eau par minute, pour les usages de la ville ou de l'agriculture.

D'après les calculs de M. l'ingénieur Bancal, le canal du Pont du Gard versait dans le bassin de la Fontaine à Nismes, du temps des Romains, mille quarante pieds cubes d'eau par minute ; dans les idées de Delon, l'eau qu'on aurait élevée du Gardon aurait donc compensé et au-delà le produit des fontaines d'Eure et d'Airan qu'on abandonnait : les Romains avaient mille quarante pieds cubes d'eau par minute, Delon en promettait mille quatre-vingt-douze.

« Pour six cent vingt mille francs de dépense, disait-» il, j'amènerai à Nismes une plus grande quantité » d'eau que n'en produirait l'entière reconstruction de » l'aqueduc du Pont du Gard qui coûterait, au moins, » trois millions jusqu'à Uzès, sans préjudice des op-

» positions de cette ville et des indemnités dues à plu-
» sieurs propriétaires de diverses sortes de moulins
» construits sur la rivière d'Eure. »

J'accorde que, dans son enthousiasme d'inventeur, Delon ait évalué la dépense trop bas et beaucoup trop haut le produit de son projet : je ferai sur ces deux points les concessions les plus larges.

Je consens donc à ce qu'on rejette jusqu'à nouvel ordre les pompes à feu du Pont du Gard, qui étaient avec leurs accessoires une des parties principales de la dépense; et malgré cette réduction dans les travaux, je consens à ce que l'estimation de la dépense soit doublée.

Quant au produit, je consens à ce qu'on réduise au dixième l'estimation de Delon pour l'eau à obtenir : nous aurons encore quatre-vingt-quatre pieds cubes d'eau par minute, et certes, dans ces proportions, les avantages du projet seraient assez beaux pour qu'on dût s'en occuper sérieusement.

Avec douze cent quarante mille francs, la ville de Nismes réparerait l'aqueduc romain depuis le Pont du Gard jusque dans son enceinte : cette idée est grande, elle séduit, elle excite naturellement l'enthousiasme, et si la cité doit en retirer des avantages aussi positifs, ne doit-on pas l'adopter avec empressement ?

Avec douze cent quarante mille francs, on aurait quatre-vingt-quatre pieds cubes d'eau par minute, c'est-à-dire plus de trois mille litres, environ deux cent trente pouces de fontainier.

Réduisons encore, si on l'exige, cette quantité d'eau à la moitié, soit pour erreur de calcul de M. Delon, soit pour les jouissances qu'il sera convenable de laisser aux localités riveraines de l'aqueduc, il n'en résultera pas moins, qu'ayant supprimé la moitié des travaux, qu'ayant doublé l'estimation de la dépense, et ayant réduit au vingtième l'appréciation du produit en eau, il restera encore plus de cent pouces d'eau, provenant des sources qui se trouvent près du canal, qui sont toutes connues et qu'on peut conduire à Nismes avec facilité. De tels faits méritent certainement un sérieux examen, surtout après les réductions énormes que nous avons faites pour prévenir les défiances et les objections.

Mais, dira-t-on, si toutes ces eaux se rendaient autrefois dans l'aqueduc du Gard, et de là à Nismes, que sont-elles devenues maintenant qu'on ne les y reçoit plus ?

Cette question toute naturelle, Delon se l'était adressée, et il y répond :

« Il est tout simple de penser que l'aqueduc se trouvant obstrué, les eaux se seront échappées par infiltration. Nous savons déjà que l'eau en sort naturellement pour se répandre dans les champs de Portal, près de Bezouce ; nous savons qu'elles paraissent à Ledenon, à Font-en-Gour, près de Lognac et probablement, en beaucoup d'autres lieux ; nous savons que plusieurs puits à poulie et puits-à-roue sont établis sur le parcours. »

J'ajouterai que plusieurs villages, que plusieurs

propriétaires se sont emparé des eaux placées dans leur voisinage, que le canal ne reçoit plus. Malgré cela, Delon croit que la petite rivière qui, passant sous le pont de Cart sur le chemin de Beaucaire, vient se rejoindre aux eaux de la Fontaine de Nismes pour former le Vistre, n'est que le produit de toutes les sources qui coulent encore dans l'aqueduc depuis l'étang de Lognac.

Cent vingt ans auparavant, Deyron avait fait la même observation, mais il ne paraît pas que Delon en ait eu connaissance. Seulement, Deyron ne disait pas que le Vistre naquît d'une *crevasse et du délabrement ou infiltration* du grand aqueduc, mais d'un petit canal de fuite, construit exprès par les Romains pour dégorger le grand. — « Un moindre aqueduc, dit-» il, dérivait du grand au lieu de Bezouce, où il est » encore en état *et y donne commencemeut à notre ri-» vière du Vistre.* — Pag. 104. = » L'origine du Vistre, que Delon ne faisait que conjecturer, le canal aujourd'hui enfoui qui lui donne naissance, déjà oublié en 1788, étaient donc visibles du temps de Deyron (1663). Ces deux faits me paraissent intéressans à ajouter aux remarques de l'auteur que nous analysons.

Sa conclusion générale est celle-ci : — Si les ressources du pays ne permettent pas de s'occuper de la restauration de la partie de l'aqueduc la plus longue et la plus dégradée, qui s'étend depuis Sernhac jusqu'à Uzès, il serait facile aux habitans de Nismes de réduire l'entreprise à moins de la moitié en étendue, et à moins du quart pour la dépense. Dans ces conditions très-exécutables, ils pourraient, à la faveur de quatre lieues d'un aqueduc en très-bon état, attendu qu'il est le plus souvent enfoui dans le sol, amener dans leur ville les sources fécondes qui se rendent ou se rendaient jadis dans cet aqueduc, depuis le village de Sernhac jusqu'au lieu de Lognac, et qui sont encore visibles en plusieurs endroits, sans compter d'autres sources plus rapprochées et que peu de réparations peuvent amener dans le bout de l'aqueduc que Delon est fier d'avoir découvert *dans un ravin près de la métairie du sieur Bousquet.*

Quant à cette dernière désignation, on n'oubliera pas que Delon a confondu l'aqueduc de Marguerites avec l'extrêmité du véritable aqueduc d'Uzès à Nismes. Le mémoire remarquable de M. Valz nous fournira bientôt l'occasion de corriger sur ce point et sur plusieurs autres les erreurs involontaires de l'auteur dont nous terminons ici l'analyse.

Dans notre prochain article nous nous occuperons succinctement des indications récentes de M. l'abbé Paramelle, qui ont une heureuse connexion avec nos propres idées et celles de M. Delon.

DES INDICATIONS DE M. L'ABBÉ PARAMELLE,

ET DE LEUR RAPPORT AVEC NOS IDÉES ET CELLES DE M. DELON.

Dans une séance extraordinaire tenue par le conseil municipal de la ville de Nismes, le 25 avril dernier, il fut décidé qu'on prierait M. l'abbé Paramelle, de procéder à une exploration générale du territoire de la commune, et de consigner ensuite dans un rapport, les ressources qu'il pourrait offrir pour augmenter les eaux dont la ville de Nismes peut disposer; une commission fut nommée pour accompagner M. l'abbé Paramelle dans ses opérations.

Dans la session de mai, un membre de cette commission a lu au conseil le procès-verbal-de l'exploration faite, dressé par M. l'abbé Paramelle, et l'a fait suivre de nombreux détails sur les investigations auxquelles M. l'abbé Paramelle s'est livré avec le concours de la commission et de M. le directeur des travaux publics; il en résulte :

Que M. l'abbé Paramelle, apres avoir déterminé la portion du territoire de la commune dans laquelle la source de la Fontaine reçoit son alimentation, n'a pas pensé qu'il fût utile de se livrer à la moindre recherche dans cette enceinte, vu que toute découverte ne pourrait s'utiliser qu'au préjudice de la source;

Qu'en conséquence, il s'est immédiatement dirigé vers la partie nord-est des collines qui dominent les plaines de Nismes ;

Là, et sur un point très-voisin de la route d'Uzès, il a indiqué une source à huit mètres de profondeur, qui coulerait, a-t-il dit, *gros comme le bras.*

Une seconde source un peu moins profonde et un peu moins forte a été ensuite indiquée par M. l'abbé Paramelle, près de Courbessac ;

Enfin, en examinant la vallée de Courbessac, M. Paramelle a donné plusieurs indications utiles à l'accroissement des sources qui y existent déjà. — Il n'a pas pensé que le territoire compris entre Courbessac et St-Gervasy, pût présenter aucune ressource utile.

Après avoir entendu le rapport sur les opérations de M. l'abbé Paramelle, le conseil municipal a pris en considération l'utilité de la première source indiquée sur la route d'Uzès, et a décidé que, lorsque l'étude des moyens et des travaux nécessaires pour constater l'existence et la valeur des eaux aura été faite par l'administration, le conseil prendra sur ce point une délibération positive. (1).

Ce rapport et cette décision sont intéressans sous plusieurs aspects, et nous devons les examiner avec attention.

1° M. l'abbé Paramelle a déterminé la partie du territoire qui fournit à l'alimentation de la Fontaine. — On nous assure que cette délimitation a été

(1) *Courrier du Gard* du 7 juin 1842.

faite par des lignes qui se dirigeraient suivant les accidens des roches : — De Vaquerolles à Servas ; — de Servas au mas de l'Homme ; — du mas de l'Homme au mas de Gas ;— du mas de Gas au grand mas du Chêne ; — du grand mas du Chêne à Calvas, — et de Calvas vers le chemin d'Uzès.

En admettant cette délimitation comme exacte, il restait à explorer avec soin, à l'ouest de ces lignes, toutes les hauteurs des territoires de St-Césaire, de Caveirac et de Clarensac, où peuvent exister des sources considérables connues ou non.

Au nord-ouest de ces lignes, il existe des sources abondantes connues et qu'on pourrait conduire à Nismes. D'abord, celle de Vaquerolles, entourée de constructions romaines et que Delon a cru, non sans vraisemblance, qu'on avait primitivement conduite à la ville ; puis celles plus éloignées de la Barbin, de St-Pierre de Vaquière et du mas Guiraud, qui sont abondantes aussi, et qui pourraient être réunies à plusieurs autres sources voisines.

J'ai visité ces quartiers au mois de mai dernier ; alors, la source de la Barbin fournissait quatre-vingt-quatre pouces d'eau : celle de St-Pierre en donnait au moins trois fois autant, et elle doit être habituellement considérable puisqu'on a bâti plusieurs moulins sur son parcours. Plusieurs autres sources qui concourent à former la Braune étaient fortes aussi, mais, comme le printemps avait été pluvieux, je me suis réservé de les explorer de nouveau en août et septembre.

Ces sources me paraissent mériter une attention spéciale, moins encore par leur abondance que par le niveau élevé auquel elles surgissent ; leurs propres vallées les dirigent vers Gajan où on pourrait les mettre dans des tuyaux de fonte dans les acotemens du chemin de fer. Aucune autre eau ne pourrait les remplacer pour l'agrément du mont d'Haussez et pour l'usage des quartiers les plus élevés de la ville. Si leur réunion pouvait assurer seulement trente pouces d'eau pérenne, la ville aurait un grand intérêt à les acquérir. (1).

Au-delà des lignes tracées par M. l'abbé Paramelle, du côté du nord, je ne pense pas qu'il fût facile de trouver des eaux abondantes et de les conduire à Nismes : passons du côté de l'Est.

Dans cette direction ses explorations n'ont pas été poussées, à ce qu'il paraît, au delà de St-Gervasy ; il a sans doute craint que l'éloignement des sources qu'il pourrait trouver ne fût un obstacle pour les conduire à Nismes, et il aura pensé que, dès lors, il ne convenait pas de marcher davantage. Cependant le canal est tout fait ; l'aqueduc du Gard est là, et les études de Delon nous ont déjà appris qu'il y avait plusieurs sources connues et de l'eau dans l'ancien aque-

(1) Les eaux de la Fontaine étant à environ cinquante un mètres au dessus du niveau de la mer, la Barbin et les sources voisines doivent être à environ cent cinquante mètres au dessus du même niveau. — Hauteur de la route 99, à 7090 mèt. de Nismes, 173 mèt. 42 cent. — Hauteur de la même route à douze kilom. de Nismes, 142 mèt. 29 cent.

duc, à Bezouce, à Lognac, à Sernhac et jusqu'à St-Bonnet. Il peut y en avoir encore à découvrir dans toutes ces localités, et ce que nous savons maintenant de l'existence, du parcours et de la conservation de l'ancien aqueduc romain, rend très-raisonnable l'idée qu'on pourrait ramasser et conduire à Nismes, avec avantage, tant les eaux déjà connues, que celles qu'on découvrirait depuis le Pont du Gard jusqu'à Nismes. En reconnaissant donc, et en proclamant l'utilité de l'exploration faite par M. l'abbé Paramelle, nous n'en devons pas moins regretter que cette exploration ait été aussi rapide et aussi peu complète.

Après avoir ainsi indiqué ce que j'aurais désiré qui fût fait, et ce qui reste à faire pour connaître toutes nos ressources à fond, en dehors du périmètre d'alimentation de notre belle Fontaine auquel je conçois qu'on ne doive pas toucher, j'en reviens aux indications qui ont été données.

2° Sur un point très-voisin de la route d'Uzès, M. l'abbé Paramelle a indiqué, à huit mètres de profondeur, une source qui coulerait, a-t-il dit, *gros comme le bras*. Ce point ne doit pas être éloigné des fontaines connues et indiquées par Delon dans le territoire de Nismes, qu'il nomme *du Mas Gaujoux* ou *Calvas*, — *de Veirague*, — *du puits Brunel* et de *Font-Escalière*.

Une seconde source un peu moins profonde et un peu moins forte, a été ensuite indiquée par l'abbé Paramelle près de Courbessac : elle serait à joindre aux sources connues que Delon indique à *Courbessac* et à *Roque-Courbe.*

Enfin, en examinant la vallée de Courbessac, M. Paramelle a donné plusieurs indications utiles à l'accroissement des sources qui y existent déjà : autre avantage à joindre à ceux que Delon promettait.

3° Ainsi, en supposant que M. l'abbé Paramelle ait réussi dans ses explorations ; en supposant, ce qu'on saura probablement bientôt, que les fouilles amènent les eaux qu'il a indiquées, au lieu de onze sources, énumérées par M. Delon, nous aurions à introduire dans l'aqueduc le produit de treize, et le résultat des améliorations à apporter dans le régime des eaux connues, soit dans le terroir de Courbessac, soit ailleurs.

Si par ces divers moyens on obtenait seulement une augmentation de vingt pouces à joindre aux cent que nous avons dit que l'on devait espérer, au moins, des sources énumérés par Delon, après avoir soumis ses promesses aux réductions énormes mentionnées dans notre dernier article, la ville, en vue de ces précieux avantages, ne devrait pas hésiter à entreprendre la restauration de l'aqueduc romain jusqu'au point nécessaire et quand même il faudrait aller au Pont du Gard.

Comme l'abbé Paramelle n'a poussé ses observations que jusqu'à St-Gervasy, il est probable qu'il pourrait indiquer d'autres sources que celles observées par Delon, depuis St-Gervasy jusque au Pont du Gard, et qu'on obtiendrait ainsi plus des cent vingt pouces d'eau auxquels nous nous réduisons cependant.

Mais, quand, au lieu de cent vingt pouces, on devrait n'en avoir que soixante, il ne faudrait pas hésiter à suivre cette voie, et si les explorations faites par M. l'abbé Paramelle ont quelque influence sur les décisions ultérieures du conseil et le portent à s'y engager, je le regarderai comme un grand bien.

En effet, quand nous ne considèrerions le Pont du Gard et l'aqueduc romain que comme un de ces legs admirables que l'antiquité nous a faits et dont nous sommes fiers à si juste titre, nous devrions les empêcher de périr. Pour leur conservation, pour leur restauration, le département, l'état doivent nous venir en aide, comme on l'a généralement fait à diverses époques, pour la Fontaine, pour les Arènes, pour la Maison-Carrée. En acquérant des droits à notre reconnaissance, Louis XV, Napoléon, Louis XVIII n'ont-ils pas fait une chose glorieuse pour leur règne, lorsqu'ils ont relevé de leurs dégradations et qu'ils ont, pour ainsi dire, donné une existence nouvelle à ces antiques monumens que le monde nous envie?

Quand la ville de Nismes, cette colonie d'Auguste, comblée de ses bienfaits et de ceux d'Antonin, ne devrait retirer du déblaiement et de la restauration de la moitié de son aqueduc que quelques pouces d'eau, ce résultat devrait suffire. A côté d'un faible avantage, tous ses habitans ne trouveraient-ils pas la satisfaction d'un légitime orgueil, et l'accomplissement d'un devoir presque filial.

Mais, nous pouvons l'assurer, les avantages de la restauration de l'aqueduc romain ne tromperont pas

l'attente de la cité : tôt ou tard ils seront positifs et considérables.

Nous l'avons dit : par ce moyen on amènera certainement les *eaux connues* : — probablement les *eaux indiquées* ; et si cela ne suffisait pas, les idées ingénieuses de M. Valz que nous ferons connaître plus tard, fourniraient le moyen d'y suppléer convenablement.

Si les besoins n'étaient pas satisfaits encore, ne trouve-t-on pas le Gardon à la première arche du Pont du Gard ? et qui empêche d'en élever la quantité d'eau désirée, au moyen de pompes ou de toute autre machine, suivant les idées de MM. Delon, Ramus, Simil, Bouchet, que nous passerons plus tard en revue. Mais nous pensons que de longtemps on ne serait pas obligé d'en venir là.

Si un jour on se dégoûtait des machines, on pourrait reprendre au Pont du Gard, la restauration de l'aqueduc, pour marcher petit à petit vers Uzès, en s'emparant des eaux qu'on trouverait sur le trajet. Cela serait réalisable lorsque la ville, lorsque l'état, par un laps de temps suffisant, se seraient remis de leurs premières dépenses, de leurs premières subventions.

Si on conduisait le canal jusqu'à Uzès, et que cette ville ne pût nous céder tout ce que les Romains prenaient autrefois, elle en céderait du moins une partie.

Enfin, si l'on veut supposer que notre population s'accroîtra, et que notre prospérité dépassera même nos espérances actuelles, nous aurons encore les moyens de pourvoir aux besoins de l'avenir ; car, par la restauration de l'aqueduc romain jusqu'à Uzès, nous nous serons rapprochés de sept lieues de l'Ardèche et du Rhône, cours d'eau puissans auxquels on voudrait dès aujourd'hui demander à grands frais sans nécessité le peu qui nous manque, que nous trouvons à notre portée, et qui nous suffira pendant longtemps.

Anduze, le 10 juin 1842.

OPINION DE M. VALZ,

SUR LES AQUEDUCS ROMAINS

ET SUR LES AVANTAGES QU'ON PEUT ENCORE EN RETIRER.

Lorsque mes propres réflexions m'eurent porté à croire que la ville de Nismes pouvait trouver, dans son enceinte ou dans ses environs, une quantité d'eau suffisante à ses besoins, ce ne fut pas sans une vive satisfaction que je vis que Delon avait avancé une opinion pareille. Le livre de Delon était depuis longtemps sur mes rayons, mais comme je ne m'étais pas occupé du sujet qu'il traite, je n'y avais pas plus jeté les yeux que sur beaucoup de ses voisins. De retour à Anduze après mes premiers articles, je m'empressai de le lire et je fus charmé de trouver le rapport frappant de ses idées avec les miennes; ce fut pour moi un grand encouragement, car il n'y a rien de si pénible que de se trouver seul, quand on avance et qu'on soutient une chose qu'on croit utile, mais sur laquelle on ne réfléchit pas depuis assez longtemps pour n'avoir pas quelques doutes sur sa valeur.

J'aperçus sur le champ le fort et le faible de mon auteur, ses qualités et ses défauts. Ainsi, ses recherches persévérantes pendant quinze ans devaient me donner pleine confiance pour ce qu'il avançait;

mais, d'autre part, son défaut de connaissances comme géomètre, l'inexactitude de ses procédés et son enthousiasme d'inventeur excitaient ma défiance. On a vu dans les articles précédens quelles réductions j'ai fait subir à ses résultats évidemment exagérés, mais que j'ai ramenés, je crois, à la limite du vrai, si ce n'est au-dessous.

Je lis aujourd'hui dans un dernier opuscule de Delon que je ne connaissais pas encore et que je dois à la bienveillante amitié de M. Léonce Maurin, que M. Bancal, directeur des travaux de la commune de Nismes, et, ce qui a plus d'autorité, que M. Delille, ingénieur de la province du Languedoc, avaient approuvé les idées de M. Delon sur la restauration facile de l'aqueduc. M. Maréchal, ingénieur, qui mit sous Louis XV notre Fontaine dans l'état où nous la voyons, avait aussi pensé à restaurer l'aqueduc romain et à se servir de l'étang de Lognac pour donner des eaux suffisantes à un canal de navigation qu'il projetait de Nismes à Aiguesmortes. De pareils suffrages m'enhardissent, car ils donnent un appui solide à la partie commune de nos opinions.

Mais une satisfaction plus directe m'était réservée ; c'était de me rencontrer parfaitement d'accord avec M. Valz, l'autorité la plus compétente selon moi, qu'on puisse invoquer sur cette matière.

Patient, infatigable comme Delon, animé du même patriotisme, M. Valz a de plus les connaissances théoriques et pratiques de l'ingénieur : chez lui l'observation et le calcul se prêtent un mutuel appui, et l'on peut adopter avec pleine confiance les opinions qu'il émet; rien n'est à retrancher de ses résultats, car l'enthousiasme est dominé par l'exactitude de la science, un jugement droit et une froide raison.

M. Valz lut en 1840 à l'Académie du Gard une notice très-succincte, mais très-substantielle, *sur la branche rétrograde de l'aqueduc du Gard, et sur l'approvisionnement d'eau qui serait fournie, par le rétablissement d'une partie de l'aqueduc principal.*

Je n'assistai point à la séance où ce mémoire fut communiqué, de sorte que j'en ai ignoré l'existence jusqu'après la publication de mes premiers articles. Cette publication lui fournit l'occasion de m'en parler; il me dit que sa notice allait paraître dans les *Mémoires de l'Académie du Gard* : je l'attendis avec impatience; je me la suis procurée hier, et dès aujourd'hui j'en commence l'analyse, impatient que je suis de faire connaître un travail si positif aux lecteurs de ce journal, impatient aussi d'étayer mes faibles idées du patronage de son auteur.

Cette notice étant très-courte, mon analyse en sera presque une copie littérale, mais je pense que ceux qui s'intéressent à la question ne s'en plaindront pas, non plus que de ce que j'aurai naturellement à y joindre.

I.

J'ai déjà exposé le parcours de l'aqueduc du Gard d'après Delon et j'ai montré qu'il laissait des lacunes et consacrait des erreurs ; aussi M. Valz commence-t-il par dire : — « Qu'on n'a connu jusqu'à présent, même d'une manière assez imparfaite, que la branche principale de l'aqueduc romain, celle qu'on peut appeler *supérieure* ou *directe* parce qu'elle amenait les eaux à Nismes, pour la distinguer de la branche *rétrograde* ou *inférieure*, dont la direction et la pente sont en sens inverse de la première et qui conduisait les eaux de Nismes à Marguerites. »

On sait que c'est aux environs de St-Gervasy que Delon tomba dans cette confusion que M. Valz a su éviter. Voici les points de l'aqueduc principal qu'il a rectifiés ou indiqués de plus que son devancier.

De Saint-Gervasy jusqu'à la hauteur de Marguerites, abandonnant les indications fautives de Delon, et suivant celles, beaucoup plus justes, d'Angrave et de Ménard, M. Valz a reconnu le parcours du véritable aqueduc afférent des Romains, de celui qui portait les eaux d'Uzès à Nismes. Cet aqueduc passe toujours à une certaine élévation sur le flanc des collines et ne descend pas dans la plaine ; M. Valz en a fait le relèvement et le nivellement exacts.

Son emplacement avait déjà été constaté d'un côté à St-Baudile, de l'autre aux terres du Fort, mais entre ces deux points il y avait une partie intermédiaire tout-à-fait inconnue, qu'on avait cependant un grand intérêt à retrouver en 1827, époque à laquelle l'administration cherchait sérieusement les moyens de procurer de nouvelles eaux à la ville.

Entre les points connus, les Romains avaient pu

donner à leur tracé deux directions différentes : la plus courte, mais la plus difficile, aurait eu neuf cents mètres de longueur, dont trois cents auraient été percés sous le rocher. Elle paraissait la moins probable, vu la lenteur et l'extrême dépense d'un pareil travail pour les anciens, qui n'avaient pas comme nous la ressource de la poudre, et se trouvaient réduits à l'emploi du coin, du levier et de la pointerolle. L'autre direction plus simple et plus facile aurait contourné la colline des Moulins-à-Vent sur un développement de dix-huit cents mètres : selon toutes les probabilités elle avait dû être préférée, mais il n'en restait aucun vestige.

Le nivellement que M. Valz avait opéré de la partie la plus considérable de l'aqueduc lui en ayant fait connaître la pente générale, la question des deux directions sur un point donné lui parut pouvoir se résoudre par un coup de niveau. En effet, sauf les petites inégalités de construction, et à priori, la pente proportionnelle dans le percé ne devait être que de trente centimètres, tandis que, par le contournement de la colline, elle devait aller à soixante. Le nivellement fait en 1828 ayant donné en réalité quarante centimètres, la présomption à en déduire se trouvait en faveur du percé; nous avons vu que, sous d'autres rapports, c'était l'hypothèse la plus improbable. Une solution était vivement desirée, lorsqu'une circonstance favorable vint apporter une preuve manifeste en procurant la découverte du percé lui-même.

L'établissement d'un puits latéral à la rue de la

Crucimèle tomba sur l'aqueduc à quelques mètres au dessous du sol : or, ce point se trouvait dans la direction où les deux positions en litige devaient se séparer, et où, par conséquent, de légères fouilles pouvaient décider la question.

M. Valz s'adressa, pour les faire exécuter, au zèle éclairé du maire de la ville, M. de Chastellier, et ce ne fut pas en vain, car il en obtint quelques fonds suffisans pour opérer le déblaiement de l'aqueduc, qui fut trouvé en parfait état de conservation, avec plusieurs regards dont le plus profond était de trente-six pieds ; ce percé avait une longueur de trois cents mètres.

Mais quelle ne fut pas la surprise de M. Valz, dans le relèvement qu'il en prit à la boussole, de trouver dans cette faible étendue douze angles en sens différens ; ce qui montrait combien, dans ces sortes de travaux, les Romains étaient assujettis aux difficultés de l'entaillement, et cherchaient à profiter des moindres facilités dans la consistance et la position des couches, tandis qu'aujourd'hui, l'emploi de la poudre à canon fait surmonter aisément les obstacles, et permet de se diriger en ligne droite à volonté.

Cette lacune du parcours une fois remplie, l'aqueduc du Gard suivait un chemin connu jusqu'à la Fontaine. Ménard rapporte qu'il parvenait là, à deux réservoirs de niveaux différens, situés dans la grande excavation du rocher de la fontaine appelée *Creux de Coumert*, dont les angles paraissent en effet avoir été régularisés par la main des hommes. On reconnaît encore plusieurs gradins d'un hémicycle, taillés dans le roc, qui pouvaient appartenir au réservoir inférieur.

Il est probable que ces réservoirs avaient été construits pour laisser déposer et clarifier les eaux qui, de là, étaient conduites dans les divers quartiers de la ville ; du reste, des vestiges d'aqueduc ont été trouvés au même niveau, tout auprès, dans le jardin de M. Baucourt, et plus loin dans la propriété de M. Girard. Il était naturel de penser que l'aqueduc observé jusque-là arrivait au temple de Diane, à la destination duquel il devait concourir, ainsi que l'a cru M. Pellet en reconnaissant des Thermes dans ce monument. Les fouilles exécutées au nord de ce temple en 1851, mirent à jour un aqueduc en fort bon état, de même dimension que celui du Gard, et se dirigeant perpendiculairement au mur du nord, auquel il venait s'adosser en se divisant en deux branches opposées, à la hauteur de deux mètres environ au-dessus du seuil de la porte d'entrée. L'une paraissait se diriger au couchant, et l'autre, tournant au levant, descendait en pente rapide; c'est celle qui sert de caveau au café voisin.

La branche occidentale de cette bifurcation, établie sur le roc, ne paraît pas, d'après les inégalités du fond, avoir été terminée; elle pouvait être destinée à amener les eaux dans la partie de la ville antique, située au-delà du *Cadereau*, qui sans cela en aurait manqué. L'existence d'un aqueduc qui traverse le Cours-Neuf à angle droit fortifie cette supposition.

L'autre branche qui coulait du côté du levant, venait se dégorger dans un bassin revêtu de marbre qui donnait naissance à un aqueduc, passant sur la digue et sur le pont, entre le bassin de la source et celui du Nymphée, et qui n'était autre que le commencement du Canal *efférent, rétrograde*, qui se dirigeait vers Marguerites pour y porter les eaux que la ville avait de trop. Le frère de notre antiquaire Séguier, Ménard, M. Pellet, ont vu des traces de cet aqueduc sur ces points. Delon n'avait pas connu ces circonstances, ou du moins il n'en avait pas saisi les conséquences nécessaires.

II.

On n'avait aucune raison de soupçonner l'existence de cette branche *rétrograde* ou *inférieure* qui va de Nismes à Marguerites et qui paraît, en effet, extraordinaire et bien difficile à expliquer. Ce fut en 1827, que M. Valz lui assigna sa véritable direction, sa pente, et par conséquent son origine et sa fin véritables.

« Je m'occupais, dit-il, de la recherche des moyens » les plus avantageux, de procurer le plus grand vo- » lume d'eau à la ville de Nismes; qui m'eût dit alors » que, douze ans plus tard, on chercherait à me dé- » pouiller de ce faible mérite, et que ce serait sous le » nom d'un autre que la ville adopterait un projet qui » m'appartient, idée première, indication de la prise » d'eau, et direction du Canal de conduite. »

Après ces quelques lignes de retour mélancolique vers le passé, que nous nous reprocherions d'avoir supprimées, M. Valz dit, qu'il crut devoir commencer ses recherches par reconnaître les vestiges restans de l'ancien aqueduc et par en faire le nivellement inconnu afin de s'assurer des ressources qu'il pouvait offrir. Il était parvenu à le suivre plus d'une lieue, de Nismes sur les collines au nord de Marguerites, lorsque, en prenant des renseignemens des gens du pays, il apprit qu'au dessous de plusieurs maisons de ce village il existait un aqueduc plein d'eau, dans lequel les puits aboutissaient, entr'autres, celui du sieur *Bourneton*, et qu'on pouvait aisément le reconnaitre dans un fossé profond de la terre de *Rocacourbe* où il était ouvert, ce qui fut vérifié en effet, l'ayant trouvé à 2 mètres 30 cent. au-dessous du sol.

Il fut bien évident pour un explorateur aussi éclairé que, sous Marguerites, ne pouvait pas être l'aqueduc venant du pont du Gard dont, tout-à-l'heure il avait découvert la voûte, sur la colline, dans le chemin des bois, à un niveau bien supérieur.

La particularité singulière de ces deux aqueducs lui rappela aussitôt d'autres vestiges existans dans un fossé au nord-ouest du Champ-de-Mars, dont il n'avait pu encore se rendre compte, et que M. Delon plaçait à tort dans la direction générale de l'aqueduc afférent; mais, si Delon eût exécuté un bon nivellement, il aurait vu que cela ne pouvait pas être.

En creusant les fondations de la maison mitoyenne

au cimetière sur le chemin d'Uzès, on a aussi rencontré cet aqueduc inférieur qui paraît traverser obliquement le cimetière et l'enclos de Mme Franc-Didier, où des éboulemens longitudinaux dans le sens convenable le font reconnaître. On peut remarquer que, de ce point à Marguerittes, sa direction paraît suivre une ligne droite. Enfin on vient de trouver ce même aqueduc dans les fondations de la maison Cabane, rue de la Fontaine, de façon à ne pas douter qu'il se prolongeait jusqu'à celui qui est indiqué par Ménard auprès du Temple de Diane, de la source et qui passait sur le pont dont nous avons déjà parlé.

C'est cette extrémité que Delon prenait pour le débouché de l'aqueduc venant d'Uzès et qu'il disait verser ses eaux à six pieds au-dessus du niveau de la source. Mais le nivellement aurait dû lui montrer que la pente était en sens inverse; aussi Ménard avait-il admis que ce second aqueduc distribuait les eaux du grand dans la ville. Il avait peut-être cet emploi, mais certes ce n'était pas le principal, puisqu'il s'étend à une lieue au-delà, sans que sa capacité ait été diminuée dans la construction.

Pour lever toute espèce de doute, et découvrir la vérité qu'il commençait à entrevoir, M. Valz résolut de rattacher les deux aqueducs l'un à l'autre par des nivellemens sur plusieurs points, en commençant par Marguerittes. Là, il trouva que les deux aqueducs présentaient une différence de niveau de 16 m. 76 c.

Près de ce village, à la campagne de l'*Agarne*, on

reconnaît aussi des traces d'aqueducs, et l'on trouve des bassins revêtus de larges pierres où il surgit assez d'eau pour y laver du linge.

Plus près de Nismes, cet aqueduc se trouve encore dans les vignes, entre le *Mas du Luc* et la route d'Avignon; mais il est assez profondément enfoui pour qu'on n'y pénètre qu'avec difficulté.

On vient de le rencontrer en dernier lieu, en construisant le chemin de fer. A 530 mètres plus au nord, le chemin de fer a aussi coupé l'aqueduc *supérieur*, bien différent de celui-ci. Dans ce point, la différence de niveau des deux aqueducs est de 13 m. 60 c. ou bien, 3 m. 16 c. de moins qu'à Marguerittes.

Un nivellement exécuté entre les deux aqueducs à la hauteur du Champ-de-Mars, a donné la différence de 13 m, 23 c. ou 3 m. 48 c. de moins qu'à Marguerittes, ce qu'on pouvait prévoir, car les deux pentes étant en sens inverse les deux aqueducs doivent tendre à un niveau commun vers la ville et diverger au contraire l'un vers le bas, l'autre vers le haut en s'en éloignant.

L'écoulement de l'aqueduc supérieur s'opérait donc sur Nismes, celui de l'inférieur sur Marguerittes, résultat bien singulier, mais qui n'en est pas moins incontestable. Mais pourquoi ces deux aqueducs ainsi rapprochés, avec des pentes en sens inverse? C'est ce qu'il reste à expliquer, et, pour cela, rappelons quelles eaux coulaient dans l'aqueduc inférieur.

Nous avons vu qu'à côté du Temple de Diane, les fouilles de 1831 avaient fait découvrir un bassin rectangulaire revêtu et pavé de marbre avec une seule issue du côté du levant. L'eau de ce bassin passait dans l'aqueduc qui existait sur la digue et passait aussi sur le pont qui se trouve entre le bassin de la source et celui du Nymphée et se rendait dans notre aqueduc *inférieur* pour se diriger sur Marguerittes.

La partie d'aqueduc que Ménard indique sur la digue, entre la source et le Nymphée, était fermée à ses deux extrêmités où se trouvaient des palettes ou vannes pour régler le débit des eaux selon les besoins. Ce n'était que ce qu'on avait de trop qui était conduit à Marguerittes.

Le nom de *Margaritæ*, ou perles, ne semble-t-il pas indiquer le lieu de plaisance d'un personnage puissant qui aurait eu le crédit d'obtenir la jouissance des eaux superflues et la construction de cet aqueduc rétrograde. Toutefois, les droits de la cité devaient être respectés ; l'aqueduc principal ayant été construit pour Nismes, c'est à Nismes que toutes les eaux devaient se rendre, l'excédant seul pouvait être concédé là. Ainsi s'explique suffisamment, je pense, pourquoi les eaux n'avaient pas été prises dans l'aqueduc supérieur quoiqu'il passât tout près de Marguerittes. Je ne saurais donc admettre avec Deyron, que l'aqueduc principal fût percé d'aqueducs latéraux pour donner de l'eau à la campagne. Ces ouvertures latérales n'étaient faites, selon moi, que pour mettre l'aqueduc à sec dans les divers points de son parcours en cas de réparations ou de curage. L'ouverture qui, selon lui, donne naissance au Vistre comme nous l'avons déjà vu, n'était pour moi qu'une simple voûte de dégorgement et de précaution.

Mais il n'en devait pas être de même du Canal rétrograde ou inférieur; j'admets bien avec M. Valz, que son but fut Marguerites, *la pierre précieuse*, *la villa* d'un de nos opulens Gallo-Romains, mais je pense que ce grand ouvrage devait avoir aussi quelque utilité publique, comme de fournir des eaux d'arrosage à une partie de la plaine du Vistre, sans quoi je serais bien surpris qu'un seul personnage eût assez de crédit et de richesses pour faire une pareille construction.

On peut remarquer que la campagne de l'*Agarne*, où passe l'aqueduc inférieur, tire son nom d'*Aquarna*, village mentionné au xe siècle, qui existait encore au xive siècle et dont le nom indiquerait la présence d'eaux abondantes dont on trouve encore quelques restes. Si donc cet aqueduc fournissait en passant des eaux au village d'*Aquarna* ou d'*Aquarnium*, il n'avait pas été exclusivement construit pour Marguerites.

III.

Telles sont les explications topographiques de M. Valz relatives à ces deux aqueducs, mais, selon nous, la partie la plus importante de sa notice est celle où il propose *un moyen peu dispendieux de doubler la quantité d'eau que Nismes possède dans les temps de sécheresse*, et de donner cette eau à vingt-cinq ou trente pieds d'élévation au-dessus du niveau de la Fontaine, de façon qu'il serait possible de la porter aux divers étages des maisons de la ville : » précieuse ressource, dit-il, aujourd'hui surtout que » la dérivation du Gardon se trouve compromise par » le partage récent du canal Calvière en nombreuses » concessions d'eau pour les irrigations », et j'ajouterai, aujourd'hui, que les communes riveraines connaissent mieux leurs droits, et les dangers, pour le présent et l'avenir, d'une concession faite à une ville puissante et d'autant plus portée à exagérer ses jouissances que sa population et ses besoins augmenteraient davantage. Toutes ces communes sentent maintenant le péril où les mettrait une concession quelconque des eaux du Gardon pour Nismes, et y résisteraient avec plus de vigueur et d'ensemble qu'elles ne l'ont fait autrefois ; elles obtiendraient, sans doute, la justice qui leur serait due.

Ce n'est qu'au Pont du Gard et au-dessous qu'on peut prendre maintenant les eaux de cette rivière, sans injustice, sans oppositions fondées, sans dépossessions ruineuses, et sans frais de canalisation au-dessus des ressources de la ville. J'en reviens à la notice de M. Valz.

Un peu avant que d'arriver à Bezouce, on peut reconnaître l'aqueduc antique au fond de deux puits à roue des sieurs Pierre Clary et Castan, à cinq mètres de profondeur, où il est surmonté de beaucoup par le niveau des eaux. Après Bezouce, on le distingue de même au-dessous de l'eau, dans un grand nombre d'ouvertures pratiquées pour des puisages ; entr'autres, au Mas Brunel, dans les propriétés Tuech, Lafrise, Moustardier; aux Mas de Paza et Rogier, où il se trouve à la profondeur de 2 mètres 80 centimètres et dans le fond du puits à roue de Clausonne à 2 mètres 50 centimètres où a lieu un fort écoulement, dans un fossé profond qui conduit l'eau au Gardon par la tranchée qui a opéré le dessèchement de l'ancien étang de Lognac.

On ne sait d'où proviennent ces eaux; c'est sans doute des hauteurs de Cabrières et de Lédenon, qui donnent naissance aux diverses sources du Vistre, dont la principale, qui présente un débouché du même genre que celui de notre Fontaine, est assez considérable pour faire tourner plusieurs moulins. Ce devaient être ces eaux privées d'écoulement qui formaient l'étang de Lognac pouvant avoir une contenance d'un million de mètres cubes.

Un des bienfaits jusqu'ici inconnu de l'aqueduc romain, avait été d'en opérer le déssèchement, qu'on fut obligé d'obtenir de nouveau par un percé, lorsque l'aqueduc cessa de livrer passage à ces eaux.

Plusieurs puits du village de Sernhac sont aussi alimentés par l'aqueduc qu'on peut y distinguer sous l'eau; entr'autres, celui du sieur Cadenet, à 5 mètres 60 centimètres de profondeur.

On pourrait donc obtenir par le déblayement d'une partie de l'aqueduc, *dont les portions dégradées ont peu d'étendue, une fourniture d'eau abondante qu'il serait aisé d'augmenter en y joignant les diverses sources du Vistre qui s'écoulent à des niveaux supérieurs.*

Mais, même sans en tenir compte, et en réduisant l'aqueduc au simple rôle de réservoir, il sera facile de prouver qu'il deviendrait encore une précieuse ressource tous les étés, pour les temps de pénurie d'eau.

D'après le niveau des eaux, elles devraient remonter jusqu'au Pont-du-Gard si l'on réparait l'aqueduc ; en ne comptant, toutefois, qu'à partir de St-Bonnet, ce serait 20 mille mètres de développement, et la section de l'aqueduc étant au moins de deux mètres carrés, il contiendrait donc dans sa longue cavité 50 mille mètres cubes d'eau. Cette quantité, répartie sur 50 jours de sécheresse, fournirait 1000 mètres cubes par jour, ou *plus de* 50 *pouces fontainiers*. Mais on ne peut douter, d'après ce qui précède, que cette quantité serait fort augmentée par les sources d'alimentation actuelles ou celles qu'on pourrait y joindre.

Il serait inutile d'entrer ici dans de plus grands détails, tels que l'établissement de trois ou quatre retenues par lieue; la double intersection du chemin de fer à l'aide de syphons, ou les moyens de l'éviter par une conduite latérale de 200 mètres ; la manière de procéder au déblayement à partir de Bezouce, en vérifiant successivement la conservation du canal par l'introduction de l'eau entre les retenues, pour parvenir ainsi jusqu'aux Terres du Fort, où il serait facile de distribuer les eaux, soit dans la conduite actuelle du *Cours*, soit autrement.

» Je ne dois pas craindre de répéter, dit M. Valz, » que les dépenses des réparations ne seraient pas aussi » considérables qu'on le croit généralement, ayant » trouvé presque toujours l'aqueduc en fort bon » état. On s'en assurerait facilement, en consacrant « quelques faibles allocations à quelques essais. Je » regretterais, dans ce cas, que mon éloignement ne » me permît pas d'y concourir autant que je l'eusse » désiré; mais je pourrais fournir du moins tous les » renseignemens que l'étude du cours de l'aqueduc » m'a procurés.

Cet offre n'est-elle pas celle d'un bon citoyen? beaucoup d'autres ne seraient-ils pas rebutés par six ans de recherches et de travaux sans récompense, sans l'indemnité la plus légère; par l'oubli où ont été laissés des projets dont l'auteur seul ne profitera pas?

Quant à nous, nous aurons encore recours dans la suite de notre travail aux lumières qu'il a si laborieusement acquises, et, avec son bienveillant secours, nous espérons pouvoir donner bientôt un plan du trajet de nos antiques aqueducs, plus complet, plus exact et moins informe que celui de Delon, auquel nous sommes forcés de nous en tenir en attendant, car, deux hommes seuls ont bien connu l'aqueduc romain : Delon et M. Valz.

IV.

De cette notice remarquable, que nous avons plutôt transcrite qu'analysée, il résulte évidemment, comme nous l'avons déjà mis en fait avant que de l'avoir lue :

1° Que le parcours de l'aqueduc du Gard est actuellement parfaitement connu d'une extrémité à l'autre ;

2° Que cet admirable ouvrage est peu dégradé et serait peu coûteux à déblayer et à rétablir, du moins depuis le Pont-du-Gard jusqu'à Nismes. « Je certifie » disait M. Delille, ingénieur de la province du Lan- » guedoc, le 2 février 1791, que la restauration de l'a- » queduc du Gard serait de peu de dépense, vu l'im- » mensité de l'objet ».

3° Qu'il se trouve, dans l'aqueduc même, des eaux qu'on pourrait conduire à Nismes avec avantage, et dont on pourrait augmenter la quantité en réunissant les sources voisines ;

« L'aqueduc romain ne recueillait pas seulement » les eaux de la fontaine d'Uzès et des prairies du » bourg de St-Quentin, *mais aussi toutes celles des* » *pentes, des collines et des sources des fontaines* qui » se ramassent au-dessus du bourg de Margueritte » et vont s'écouler dans le large fossé de la *Louve*, » appelé vulgairement *lou valat Loubaou*, aux envi- » rons duquel les fêtes solennelles Lupercales étaient » célébrées.

» Ce fossé se jette dans le Vistre. » (Rulman, *lettre au cardinal de Bagni*, *p.* 30. — *Nismes*, 10 *juillet* 1630.)

4° Que l'aqueduc conduisait autrefois ces sources à Nismes, et que, quand il fut rompu et obstrué, ces sources inondèrent les lieux bas et formèrent l'étang de Lognac. Dans l'origine, cet étang avait été desséché, parce que les Romains ayant commencé leur aqueduc du côté de Nismes ils y introduisirent les eaux dès que ce canal eut atteint l'étang ; sans cela, il est évident qu'ils n'auraient pu faire une partie de leur aqueduc sous les eaux, au travers de l'étang même. Mais lorsque l'aqueduc fut obstrué, l'étang se reforma, les eaux remplirent de nouveau la vallée, recouvrirent et cachèrent l'aqueduc, dont on aurait toujours ignoré l'emplacement dans cet endroit, si l'étang de Lognac n'avait été desséché par un autre moyen.

5° On se plaint de n'avoir pas d'eau à Nismes, et pourtant, à trois lieues seulement de distance, des eaux supérieures inondaient tout un pays, formaient un étang. Pour s'en débarrasser on a percé une montagne à l'effet de leur donner un écoulement vers le Gardon ; et, pourtant, ces eaux pouvaient aller, elles avaient été autrefois à Nismes. Un aqueduc les y conduisait du temps des Romains ; cet aqueduc existe, il est conservé presqu'en entier, il y aurait peu à faire pour le réndre à sa destination primitive, et au lieu de cela, on rêve des entreprises gigantesques qu'on ne pourra jamais réaliser.

6° Quand les sources mentionnées par Delon, quand les eaux citées par M. Valz n'existeraient pas, quand le pays n'en pourait fournir une goutte en été, l'aqueduc romain nous suffirait encore comme réservoir, comme une immense citerne toute faite. D'après les calculs de M. Valz que personne ne peut révoquer en doute, cet aqueduc, rempli pendant l'hiver par les eaux de la pluie, par les eaux qui alors abondent partout, garderait en réserve cinquante mille mètres cubes d'eau, soit *cinquante pouces par jour*, pendant cinquante jours : avons-nous jamais plus de cinquante jours de sécheresse avec pénurie de produit à notre Fontaine ?

7° Si ce réservoir ne suffisait pas, n'avons-nous pas aussi l'aqueduc *efférent* ou rétrograde de Nismes à Marguerittes. Celui-là a dix mille mètres de long, il contiendrait au moins vingt mille mètres cubes, c'est encore un approvisionnement de vingt jours. Une pompe à Marguerittes élèverait ses eaux de seize mètres et les verserait dans l'aqueduc *afférent* ou principal quand les eaux de celui-ci menaceraient de s'épuiser. Des sources existent aussi dans cet aqueduc accessoire, car elles surgissent à *la Garne*.

8° Mais si l'on ne voulait pas aller chercher si loin des ressources d'eau au moyen de pompes, la ville n'est-elle pas parcourue en tous sens par d'anciens aqueducs romains ; ne peut-on pas les remplir en hiver des eaux excédantes de la Fontaine, pour profiter en été de cette réserve ? Du temps de Deyron, « les eaux de la Fontaine coulaient par plusieurs » canaux souterrains dont on voyait six grands et » beaucoup de moindres. Ces ouvrages étaient magnifiques, car les principaux aqueducs avaient cinq » ou six cents cannes de longueur, deux de large » et une de haut, bâtis et voutés à chaux et sable,

» à fonds dallés, ayant parfaitement résisté au temps.
» Ces grands aqueducs, par de moindres, distri-
» buaient les eaux à toutes les parties de la ville. Leur
» nombre était si grand que Deyron en conclut,
» qu'ils furent bâtis avant la ville, sans quoi, dit-il,
» il aurait fallu renverser toutes les maisons. »

M. Rey proposait de bâtir des réservoirs pour les eaux excédantes d'hiver; mais ces aqueducs n'existent-ils pas encore, et ne seraient-ils pas les meilleurs et les plus vastes de tous les réservoirs ?

Feu M. Charles Durand, dont les talens comme ingénieur étaient bien connus, s'occupa, lui aussi, jusqu'aux derniers jours de sa vie, de ce problème qui préoccupe l'administration depuis cent ans, *procurer des eaux à Nismes* : son plan, que sa simplicité a peut-être déprécié, consistait à recueillir dans des canaux souterrains, qui seraient creusés sous le *Cours-Neuf*, l'excédant des eaux de notre source pendant les crues. (Mémoire de l'Acad. du Gard, 1842, pag. 288.) Eh! bien, nous l'avons dit, ces canaux existent, il n'est pas besoin de les construire, ce sont nos antiques aqueducs.

9° On se plaint de manquer d'eau à Nismes, et on en laisse perdre des quantités énormes, et il a fallu percer une montagne pour se délivrer d'un excédant qui submergeait toute une vallée, et on a d'immenses réservoirs qu'on ne sait pas remplir. L'étang de Lognac était un heureux bassin naturel comparable aux bassins de St-Ferréol ou de Lampy construits à grands frais pour le canal du Languedoc. Les Romains avaient profité de ce présent de la nature, et avaient eu le génie d'en construire la *Roubine* ou le canal de décharge jusque dans notre ville ; et nous, après avoir laissé périr cet admirable ouvrage, incommodés par les eaux, nous les avons dirigées par un percé coûteux du côté opposé.

On se plaint de manquer d'eau, et quiconque veut un puits, est sûr de la trouver dans sa maison en descendant jusqu'à la couche de brèche calcaire qu'on a nommée *Cistre* ; et dans la plaine, surtout du côté du levant, chacun dans son jardin peut avoir un puits-à-roue, inépuisable en descendant à un niveau connu, au-dessous du *Cistre* et du *Pouddingue*.

A l'orient de la ville, plusieurs sources existent, plusieurs courans souterrains sont connus, l'eau est partout à une petite profondeur, de telle sorte que, par une tranchée ou un aqueduc creusé de quatre à dix mètres, à établir de Margueritles à Nismes, on nous amènerait autant d'eau qu'on voudrait. Si cette eau n'arrivait pas de niveau, ce serait, du moins, à une si petite profondeur que la moindre machine pourrait l'élever après dans la ville même.

10° Enfin, si l'on n'a foi à aucun de ces moyens, l'on ne pourra contester, du moins, qu'il ne soit facile d'élever les eaux du Gardon, au Pont du Gard, par une pompe. Le Gardon fournira toujours assez d'eau pour un pareil objet. — Là, la jonction de la fontaine d'Eure, de la rivière de Seynes et de plusieurs autres, a augmenté le volume des eaux. — Là, aucune commune ne soulèvera d'opposition fondée ; le nivellement ne peut faire question, l'aqueduc a existé et on ne demande qu'une restauration désirable sous tous les points de vue.

V.

Nous terminerons ici ce que nous avions à dire concernant l'aqueduc romain et les eaux qu'on peut procurer à Nismes, *du côté du levant*. Quand après quelque temps de repos, nous reprendrons cet important sujet, nous aurons à nous occuper des projets qui ont été mis en avant pour amener à Nismes les eaux du Gardon, par des prises de niveau, soit d'Alais, soit d'Anduze, soit de Boucoiran, *du côté du nord*; ce sera là l'objet d'une seconde partie de notre grand travail.

Les douze articles que nous venons de publier dans le *Courrier du Gard*, complètent l'essai, bien imparfait encore à nos yeux, de la première; mais la persévérance, de nouveaux soins et de nouvelles recherches nous mettront en état, nous l'espérons, de la rendre plus digne, un jour, du public qui nous lit et des intérêts que nous débattons.

Malgré ces imperfections cependant, si nous ne nous abusons pas, il nous semble que déjà nous pouvons poser quelques conséquences propres à simplifier le problème qui nous occupe. Ne résulte-t-il pas, en l'état de ce qui précède:

Que les projets d'aller chercher des eaux au Rhône, à l'Ardèche, à la Cèse, par des aqueducs de niveau, doivent être d'hors et déjà abandonnés, comme au-dessus des ressources de la ville;

Que le projet d'une restauration complète de l'aqueduc romain, jusqu'à Uzès, faite tout d'un temps, ne saurait être adopté aujourd'hui par le même motif, et qu'il est plus sage de se borner d'abord à la restauration d'une partie;

Que le projet de prendre les eaux du Rhône à Comps, de les élever par une machine quelconque et de les conduire à Nismes par un aqueduc, ne saurait être adopté : en effet, chacun ne voit-il pas que, si l'on veut employer une machine pour élever les eaux, le Pont-du-Gard est le point le plus favorable pour la placer, et qu'on n'en peut choisir un autre? Au Pont-du-Gard, le Gardon fournira aussi bien que le Rhône à Comps, toute la quantité d'eau qu'on peut vouloir raisonnablement élever par un moyen mécanique, et sur ce point on a le grand avantage d'une eau meilleure et plus limpide, d'un point d'appui solide, éprouvé, dont le courant ne peut s'éloigner, car le Gardon ne peut passer ailleurs que sous les arches, et d'un aqueduc tout fait. L'aqueduc à construire de Comps à Nismes coûterait plus d'argent que la réparation de l'aqueduc romain, et celui-ci comme monument sera toujours assurément très-supérieur.

Il nous paraît donc suffisamment établi pour notre conviction, que si l'on veut opérer *du côté du levant*, tous les projets que nous venons d'énumérer doivent être rejetés, *sauf la restauration de l'aqueduc romain* qui serait commencée du côté de la ville, et poussée *peu à peu* vers le Gardon, en s'emparant en route, de toutes les eaux qu'on pourrait ramasser. Si ces eaux sont insuffisantes, on ira jusqu'au Pont-du-Gard, où il y en a toujours assez pour alimenter telle machine qu'on voudra établir, mais qui n'élèvera jamais ce qu'on demandait, dans le temps, aux canaux de niveau projetés, dont on voulait faire de petites rivières. Pour de pareilles idées, nous dirons avec Poldo d'Albenas, le plus ancien de nos historiens, car la vérité est de tous les temps : « *Le Gardon n'est* » *qu'un torrent dont le cours n'est pas perpétuel, car* » *il sèche entièrement, droit à droit de Nismes, une* » *partie de l'année.* »

Nismes, le 25 juillet 1842.

PROJETS DU COTÉ MÉRIDIONAL.

J'ai fait connaître les projets principaux proposés *du côté du Levant*, et annoncé que j'allais m'occuper de ceux du *Nord ;* cependant, après l'exécution de l'aqueduc romain, l'idée la plus ancienne est celle de la *canalisation du Vistre*. Cette idée prenant de l'extension a produit, plus tard, celle de la *canalisation du Gardon*, qui, modifiée de diverses manières, a conduit à celle plus modeste de prendre seulement à la rivière des eaux pour les besoins de Nismes, en renonçant au canal de navigation.

D'après cela, il me paraît plus naturel d'étudier les projets du Midi avant de passer à ceux du Nord qui en sont pour ainsi dire issus ; c'est ce que je vais faire, en commençant par une revue historique rapide de tout ce qui a été proposé pour l'établissement d'un canal de Nismes à la mer, depuis 1285 jusqu'à 1751, époque à laquelle MM. Blachier proposèrent leurs idées.

Arrivé au projet de ces auteurs qui fut le mieux étudié et le plus près de son exécution, je m'y arrêterai avec quelques détails. MM. Ménard, Baragnon, Grangent, MM. Dubois et d'Alphonse, préfets, et surtout M. l'ingénieur Angrave, dans les *Pro-*

cès-verbaux de l'Assemblée administrative du Gard pour 1792, me fourniront les matériaux nécessaires.

Enfin, après avoir terminé cette exposition, je ferai connaître quelques idées qui me sont propres, sur les moyens de se procurer à peu de frais, du *côté du Midi*, les eaux qui manquent à la ville de Nismes.

Mon projet est le seul qui puisse répondre au désir que le conseil municipal a toujours manifesté, *d'obtenir une quantité d'eau suffisante sans dépenser plus d'un million.*

I.

Des Canaux de Nismes à la Mer.

On a reconnu depuis bien longtemps l'utilité d'un canal de Nismes à la mer. L'étendue du commerce de notre ville, l'activité et l'industrie de ses habitans, ont plusieurs fois dirigé sur cet important objet les vues des bons citoyens

Si florissant sous les Romains, Nismes déchut rapidement de sa splendeur dès qu'il passa sous une autre domination. En vain ces fondateurs de la colonie avaient épuisé toutes les ressources des arts pour en embellir le séjour, en vain ils avaient rassemblé à grands frais et par des travaux incroyables ce grand volume d'eau qui, se reproduisant sous mille formes, semblait aller au-devant des besoins des habitans et qui, serpentant par mille canaux dans l'enceinte de la ville, fertilisant la plaine du Vistre, répandait partout la vie et l'abondance. Tout disparut à l'arrivée des barbares.

Si le génie des Romains les eût portés au commerce comme il les poussait à la guerre, il eût été facile, avec les eaux qu'on avait alors, de créer un canal de navigation qui aurait procuré des richesses certaines ; mais avant qu'ils formassent de pareils projets, ces eaux furent arrêtées dans leur cours, nos antiques constructions ruinées, la Fontaine même fut ensevelie sous les décombres des superbes édifices dont ses bords étaient ornés ; il ne resta presque que des vestiges de ces monumens précieux.

Beaucoup moins éclairés que les Romains, nos pères étaient loin d'avoir les mêmes ressources. Ecrasés par les dévastations horribles des barbares qui ne firent que passer ; cpprimés par ceux qui s'établirent à demeure, comme les Visigoths, les Sarrasins, les Arabes, les Francs eux-mêmes ; déchirés par des guerres sans cesse renaissantes, foulés par l'oppression des seigneurs, par les guerres de l'Eglise contre les Albigeois, accablés de misère, visités par la peste et la famine périodiquement, plongés d'ailleurs dans la plus profonde ignorance, ils ne pouvaient redonner à la ville de Nismes l'antique éclat qu'elle avait perdu.

Enfin, Philippe-le-Bel monta sur le trône. Fatigué d'une lutte continuelle contre la féodalité, ce prince institua les communes et rappela les Etats-généraux depuis longtemps oubliés. La nation parut alors sortir de son assoupissement ; on vit naitre des projets utiles· Déjà Philippe-le-Hardi avait soutenu, encouragé le commerce à Nismes et accordé des privilèges considérables aux marchands lombards et toscans qui vinrent s'y établir. En 1285, le conseil de son successeur s'occupait beaucoup encore de favoriser le commerce de la province de Languedoc, depuis peu directement acquise à la couronne (1271). On voulait retenir les marchands italiens et lombards, et, pour les favoriser, les consuls de Nismes saisirent le moment du voyage du prince et lui demandèrent dans une humble requête qu'il fût creusé un canal navigable de Nismes à Aiguesmortes, aux dépens de l'état, de la ville et des marchands étrangers.

La requête fut favorablement accueillie, mais on n'y donna aucune suite, car cet instant de lumière n'eut pas de durée; ce ne fut qu'un éclair passager qui ne put dissiper les ténèbres de ce siècle d'ignorance.

En 1534, sous François Ier, avec la renaissance des arts, on vit reparaître le même projet; mais le mécanisme des écluses, cette belle invention du génie moderne, n'étant pas encore connu, on ne peut s'étonner qu'il soit resté sans exécution; d'ailleurs, les troubles du règne suivant, les formalités que l'on était obligé de remplir pour obtenir l'autorisation et surtout les fonds nécessaires, furent autant d'obstacles insurmontables.

Vers la fin du siècle dernier, Denis Veyras, citoyen de Nismes, renouvela ce projet, et les Etats du Languedoc s'en occupèrent en lui donnant plus d'extension. Il s'agissait de rendre navigable le Gardon et le Vistre et d'arroser par des canaux le territoire que ces deux rivières parcourent : c'était en 1696 ; on voit que les projets sur une grande échelle ne datent pas seulement d'aujourd'hui.

La destinée de cette entreprise était d'avorter aussitôt qu'elle était conçue. Vers l'année 1750, M. Maréchal, directeur des fortifications de la province, forma le projet d'un canal à deux branches dont le point de réunion était Nismes. De là, l'une se rendait à Comps vers l'embouchure du Gardon dans le Rhône, et l'autre à Aiguesmortes en suivant le cours du Vistre. Ce canal s'alimentait en partie des eaux de la Fontaine. C'était proprement un canal du bas Rhône à la Méditerranée, passant par Nismes.

Pour alimenter les parties supérieures, M. Maréchal voulait se servir des fontaines d'Eure et d'Airan, et réparer, par conséquent, l'aqueduc romain : il réunissait ensuite ces eaux dans un grand réservoir construit dans l'emplacement de l'étang de Lognac pour les diriger sur les deux versans de son canal. La ville d'Uzès s'opposa formellement à ce projet, parce qu'elle ne voulut pas être privée des sources précieuses qui arrosent son territoire et sur lesquelles elle a des établissemens nombreux qui concourent à sa prospérité.

L'ingénieur rebuté abandonna cette idée et se borna à proposer de rendre le Vistre navigable ; il en dressa les plans et devis estimatifs. Une compagnie se présenta bientôt pour commencer cette entreprise ; mais lorsque, sérieusement, elle vint à compa-

9

rer à la dépense le fruit qu'elle en devait attendre, elle ne tarda pas à s'apercevoir qu'elle n'aurait que de la perte, et, quoique convaincue de l'utilité de la chose, elle se retira, pensant qu'il n'y avait qu'un corps aussi puisssant que l'Etat, ou tout au moins la province, qui pussent l'entreprendre et faire des sacrifices suffisans à l'intérêt public.

Dans l'état où sont aujourd'hui les choses, si ce canal était creusé, il irait de Nismes jusqu'au redressement du Vistre, que la province fit exécuter, et suivrait ce redressement du Cailar au canal de la Radelle; il communiquerait avec la Méditerranée par le Grau d'Aiguesmortes; avec le Rhône par le canal d'Aiguesmortes à Beaucaire, et avec la Méditerranée encore et l'Océan par le canal des Etangs, le port de Cette, le canal du Languedoc et la Garonne.

Ce projet, dont on ne peut contester l'utilité, ne pouvait tomber dans un oubli définitif. Il fut remis à l'ordre du jour par MM. Blachier frères. A leur instigation, une compagnie se forma à Nismes, qui fit procéder, en 1778, au nivellement, à la levée des plans, et au devis estimatif; le tout fut adressé à M. le contrôleur-général des finances, qui chargea M. de St-Priest, intendant du Languedoc, d'en donner connaissance aux Etats. M. l'archevêque de Narbonne qui les présidait, et les commissaires nommés à cet effet, examinèrent ces plans et devis avec l'attention la plus scrupuleuse; ils les approuvèrent, et, l'assemblée générale, par sa délibération du 28 décembre 1779, adopta, unanimement, l'avis de ses commissaires. Cette décision fut ensuite confirmée par une délibération nouvelle du 28 décembre 1784.

Des approbations si solennelles et l'utilité de cette entreprise semblaient devoir hâter le commencement des opérations ; mais des entraves que l'envie suscita, que la justice anéantit ensuite, forcèrent la nouvelle compagnie à les suspendre. Enfin, après plus de neuf années de luttes et d'attente, elle obtint un arrêt du Conseil du 14 janvier 1788, qui, en autorisant les plans et devis, permettait à la compagnie de construire le canal proposé, de créer des actions à concurrence du montant des travaux, et qui lui accordait un droit de quatre centimes par myriagramme sur toutes les marchandises qui en parcourraient la longueur.

Malgré ces diverses autorisations, ce projet est encore resté sans exécution. Il a été présenté à l'administration municipale de Nismes et à l'administration centrale du Gard qui en ont de nouveau reconnu l'utilité, et qui ont sollicité en 1791, auprès de l'Assemblée nationale, un décret confirmatif de la concession faite par le conseil.

Les choses en restèrent là pendant la tourmente révolutionnaire.

On s'en occupa de temps à autre sous l'empire; M. le préfet Dubois disait dans le *Compte moral de l'administration pour l'an X* :

« Le canal de Nismes à Aiguesmortes porterait le « comble à l'industrie de ces deux villes. La compa» gnie est formée pour sa construction ; j'ai envoyé

» au gouvernement les développemens, les plans et » les devis nécessaires, et c'est vraisemblablement » l'un des premiers objets particuliers dont on s'oc- » cupera à la première session du corps législatif. » (p. 102)

Le même préfet disait encore dans le *Compte moral de l'an XI* : « Sous l'influence d'un gouvernement » fort et éclairé, l'état physique et moral du départe- » ment s'améliore de plus én plus ; on s'occupe des » routes, des monumens antiques, de travaux mo- » dernes. Le gouvernement renvoie à l'inspecteur- » général des travaux du Midi le projet définitif » du canal de Nismes à Aiguesmortes ; d'après lui, » cet ouvrage n'offre aucune difficulté, si ce n'est de » Nismes à Caissargues. Il s'occupe des moyens » qu'on pourrait employer pour lever ces obsta- » cles. » (p. 138).

Enfin, dans le *Compte moral de l'administration du Gard pour* 1807, 1808 *et* 1809, M. d'Alphonse dit : « Déjà M. Blachier avait formé un projet moins » étendu que celui du canal d'Alais à Nismes, mais » non pas sans intérêt, *celui de construire un canal* » *de Nismes à Aiguesmortes*. Depuis l'an X, ce projet » avait été soumis à l'examen de M. le directeur-gé- » néral des ponts-et-chaussées, mais il est resté dans » l'oubli. Les démarches de M. Blachier l'en ont fait » sortir ; les plans et devis ont été jugés n'être pas » suffisamment détaillés ; ils sont entre ses mains, et » l'on croit qu'il s'occupe de leur donner les dévelop- » pemens qui leur sont nécessaires. »

Nous assistons ici, pour ainsi dire, depuis le projet de Veyras, à la transformation du projet de canal de Nismes à Aiguesmortes, en celui de canal d'Alais à la mer par Nismes. L'idée est jetée de ne plus se borner à la portion inférieure, ce qui amènera le plan de MM. Delpuech et Durand, présenté en 1822 et 1823, que nous aurons à examiner dans notre revue des projets du *Nord*.

Ici se termine l'historique de ce qu'on a proposé jusqu'à présent pour le projet de canal de Nismes à Aiguesmortes considéré comme construction indépendante et isolée. Toutefois, avant d'arriver aux détails du projet Blachier, n'oublions pas de mentionner pour mémoire que M. Grangent, dans sa *Description du Gard*, an VIII, in-4°, p. 31, nous dit : « Le » citoyen Delon, de Nismes, s'est occupé depuis long- » temps d'un projet de navigation de Nismes au » Rhône près le village de Comps, sur lequel il a fait » imprimer plusieurs mémoires ; nous y renvoyons. » Je n'ai pu découvrir aucun de ces mémoires de Delon ; si j'avais pu les consulter, je me serais empressé de rendre un nouveau témoignage de reconnaissance au zèle infatigable de cet excellent citoyen. Je ferai de nouvelles recherches, et je passe en attendant à l'exposition détaillée des idées de M. Blachier.

II.

Canal Blachier, — de Nismes à la mer.

Le bassin d'origine du nouveau canal devait être situé au-dessous de l'Esplanade. « Son étendue superficielle sera, dit M. Angrave, de deux mille deux cents toises carrées. Les eaux de la Fontaine alimenteront la première retenue. *On recueillera avec soin toutes les sources qui filtreront à travers les terres, pendant le recreusement du bassin, et toutes celles qui coulent sous terre dans l'enceinte de la ville. Il est facile de juger qu'il y en a de très-abondantes par l'inspection des puits situés dans le faubourg d'Alais ou des Prêcheurs* (1). Les eaux du Vistre y seront aussi introduites par regonflement.

» Les retenues inférieures recevront, en outre, le ruisseau Loubaou et plusieurs autres qui se jettent dans le Vistre jusqu'au Cailar. »

Plus tard, M. Blachier sentait, sans doute, que la Fontaine et les sources à trouver ne seraient pas suffisantes pour alimenter son canal de navigation ; aussi veut-il y suppléer par un réservoir construit dans le vallon de Cabrières ; à l'imitation du bassin de Saint-Ferréol sur le canal du Languedoc, ces eaux se rendraient, au fur et mesure des besoins, dans le bassin de l'Esplanade qui servirait de port.

» Le lit du canal aura quarante huit-pieds d'ouverture, de manière à ce que deux barques puissent se croiser librement. Sa longueur totale sera de quinze mille cinq cents toises depuis son origine jusqu'à sa jonction avec celui de la province, au-dessous du Cailar. »

(1) Nous soulignons ceci à dessein, parce que, pour un projet qui nous est propre, nous aurons à nous occuper des sources souterraines qui existent sous la ville ou à proximité.

« Onze écluses rachèteront la pente de cent dix pieds (trente-huit mètres, selon M. Grangent) qu'il y a de Nismes au canal de la province, dont les eaux sont au niveau de la mer.

» Les moulins qui se trouvent sur la route du canal seront acquis suivant la permission insérée dans l'arrêt du conseil, et remis en activité par des petits canaux partant de chaque écluse. Tous ces ouvrages, sans exception, ne monteront, suivant le devis estimatif, qu'à la somme de *quatorze cent septante mille francs.* »

M. Grangent pensa avec raison que ce projet n'était point assez détaillé, qu'on pourrait y faire des améliorations notables, et que la dépense à faire devait être estimée beaucoup plus haut. Elle devait s'élever, selon lui, à deux millions deux cent mille francs, pour les redressemens nécessaires, les indemnités à accorder, les accroissemens progressifs du prix des matériaux et de la main d'œuvre. Si, dans les premiers vingt ans écoulés depuis ce projet, les devis de M. Blachier ont dû éprouver une augmentation de huit cent mille francs, de l'avis d'un homme du métier, les mêmes causes continuant d'agir, de plus, la valeur des propriétés immobilières ayant beaucoup augmenté depuis le commencement du siècle, l'argent ayant subi une forte dépréciation, et les salaires s'étant élevés proportionnellement, ce ne serait sans doute pas trop que d'estimer aujourd'hui cette dépense à trois millions.

Je crains bien qu'une somme aussi forte ne soit à

jamais l'obstacle insurmontable à l'exécution de ce canal.

M. Blachier pensait que la compagnie qui en prendrait l'entreprise, placerait ses fonds à un intérêt raisonnable, même dès les commencemens, au moyen du droit de trois sols six deniers par quintal, attribué par l'arrêt du conseil sur toute l'étendue du canal pour toutes les marchandises qui y seraient embarquées. Il offrait de plus l'espérance, selon lui bien fondée, que cet intérêt s'accroîtrait par l'augmentation des relations commerciales auxquelles la navigation du Vistre devait donner plus d'activité.

Voilà ce qui constituait en général le projet présenté par M. Blachier. Le plan qui en faisait partie donnait la désignation des lieux parcourus. Il devait suivre le territoire de Nismes, en partant, comme nous l'avons dit, de dessous l'Esplanade, jusqu'au chemin creux situé sous le moulin dit des *Capelans*. Dans ce trajet il était alimenté par les eaux de la *Fontaine* ; puis, il prenait le cours du ruisseau *Loubaou* jusqu'à la rencontre de celui-ci avec le Vistre dont il empruntait le lit pour passer au Cailar et joindre enfin le canal de la province.

Un homme dont l'opinion faisait autorité, vint encourager les auteurs dans leur projet : c'est M. Lalande, qui imprima dans son traité des canaux :

« La ville de Nismes a besoin d'un canal jusqu'à » Aiguesmortes, et les projets m'en ont été donnés » en 1751, par une compagnie qui ne demandait que » six deniers par quintal pour chaque lieue, ou trois

» sols six deniers par quintal, de Nismes jusqu'à la » mer. Sa longueur serait de dix-neuf mille toises, » passant par Bernis, Vestric et le Cailar. (Il paraît que, postérieurement, ce parcours fut rectifié et réduit de trois mille cinq cents toises.) « Ce canal pro» duirait le dessèchement des marais, et garantirait » des inondations du Vistre sur environ quinze mille » toises de longueur.

» On aurait plus de facilité pour le transport des » sels de Peccais qui se rendent à présent à Lunel et » se voiturent par terre de Lunel à Nismes; c'est là » qu'est l'entrepôt des sels pour les diocèses de Nis» mes, d'Uzès et d'Alais, et cet entrepôt fournit aussi » les Cévennes, le Gévaudan et une partie de l'Au» vergne, qui ont un commerce habituel avec Nis» mes.

« La province épargnerait la grande dépense de » faire agrandir le lit du Vistre, celle de l'entre» tien ruineux des chemins de Lyon, de Beaucaire » et de Montpellier, qui sont écrasés par d'énormes » voitures, et l'emploi de quatre mille bêtes de trait » dont on se sert dans le diocèse de Nismes. L'agri» culture y augmenterait d'autant, et le prix des den» rées diminuerait ».

J'ai cité ce passage, comme preuve de l'engoûment qui possède à chaque époque, sur certaines choses en vogue, non-seulement le public, mais même les hommes de mérite. M. Lalande me paraît s'exagérer singulièrement les avantages des canaux en général et de celui du Vistre en particulier. M. Angrave, plus calme, fait après lui des observations restreintes à la localité qui persuadent mieux sur les avantages particuliers du projet.

« La rivière du Vistre coulait autrefois dans son lit, dit-il, sans trouver aucun obstacle; mais, depuis qu'on y a construit un grand nombre de moulins, le cours en est intercepté par des digues qui rehaussent son lit, de manière qu'à la moindre crue, les eaux inondent les propriétés riveraines et les dégradent.

» Les communautés voisines, exposées à ces dégâts, en ont souvent porté leurs plaintes à l'ancienne administration. Des projets même de redressement et de recreusement du Vistre ont été souvent proposés, mais n'ont pas été suivis d'exécution. Or, un canal qui débarrasserait le lit du Vistre de tous les obstacles qui obstruent son cours, serait, sous ce rapport, infiniment utile, et les artifices que cette rivière fait mouvoir pourraient être rétablis sur des canaux particuliers qui en dériveraient. »

Sur le rapport de M. Angrave, l'Assemblée administrative du Gard, considérant que le projet du canal de Nismes au Cailar, présenté par M. Blachier, serait infiniment utile à la ville et au département, arrête de solliciter auprès de l'Assemblée nationale un décret qui confirme la concession antérieurement accordée par le conseil du Roi. (Procès-verbaux, 1792, p. 199).

Malgré la haute approbation des anciens Etats de la province, malgré l'arrêt du conseil du Roi, l'arrêté de l'Assemblée administrative du Gard, malgré l'approbation formelle donnée sous l'empire par MM.

les préfets Dubois et d'Alphonse, le projet de M. Blachier, si souvent, en apparence, au moment d'être exécuté, en est pourtant resté là, sans qu'on ait mis la main à l'œuvre.

Nous ne devons pas penser qu'on y revienne, tant que l'engoûment de la nation et du gouvernement pour les chemins de fer se soutiendra. Cette vogue momentanée laissera pour longtemps un grand vide dans nos finances ; mais le temps viendra peut-être où le vent de l'opinion sera pour les canaux, comme il souffle depuis quelque temps aux *rail-way* ; assurément notre condition n'en serait pas pire, et le projet Blachier pourrait bien ressuciter, sous le nom peut-être de quelqu'un qui l'*inventerait*, comme cela se voit de temps à autre.

Anduze, le 14 aoùt 1842.

SYSTÈME QUI NOUS EST PROPRE.

Si j'avais la prétention de faire et de publier *un livre*, je sais que mon travail donnerait prise aux critiques les mieux fondées. On aurait le droit de me reprocher de la négligence dans la rédaction, un défaut d'ordre dans la disposition des matériaux et des conclusions trop vagues, défaut capital, car, avant que d'enseigner les autres, il faut savoir, au moins d'une manière arrêtée, ce qu'on pense et ce qu'on veut. J'ai donc besoin de l'indulgence de mes lecteurs, et, de plus, je leur dois quelques lignes de justification, les voici :

Je connais aussi bien que personne les défauts de mon travail que j'ai l'intention sincère de reprendre et de corriger plus tard.

Ce n'est pas *un livre* que je publie, mais de simples *études* d'après lesquelles le livre sera fait.

Les défauts de la rédaction tiennentà ce qu'elle est rapidement écrite, à bâtons rompus, à mesure que les matériaux me tombent sous la main. Plus la question est importante, plus il est urgent de s'en occuper, de peur qu'une résolution fâcheuse ne soit prise avant l'instruction complète du procès.

Si j'avais dans mon cabinet tous les livres et les documens qui me sont nécessaires, si l'on m'assurait que, pendant un temps convenable, la question resterait dans le *statu quo*, nul doute que mon œuvre ne fût plus régulière. Je réunirais tous mes matériaux en silence, j'en disposerais méthodiquement les résultats, et je formulerais la conclusion qui me paraîtrait légitime. Mais la situation n'est pas aussi facile. Il est urgent de faire connaître les opinions déjà émises sur une question qui peut se décider irrévocablement d'un moment à l'autre; il ne dépend pas de moi de me procurer, à l'instant où je les voudrais et dans un certain ordre, les livres et les matériaux qui me seraient nécessaires. Mon devoir est de me pourvoir de toute la masse possible de renseignemens et de lumières : une demi-publicité, par le journal de la localité, prématurée en toute autre circonstance, m'est dès-lors nécessaire, car elle apprend à ceux que notre question intéresse, que je m'en occupe sérieusement, avec persévérance, et elle les porte à me communiquer des opinions, des avis qui, sans cela, ne me seraient pas parvenus.

Quant au vague des conclusions, qui serait inexcusable dans un travail définitif, on doit le regarder, au contraire, dans un travail préparatoire, comme une preuve d'indépendance et de bonne foi.

Je n'ai pas de système préconçu, je ne suis asservi aux opinious de personne; je cherche avec labeur et conscience la vérité, pour la proclamer qu andje la rencontre; mon choix ne peut donc être définitif, irrévocable, tant que je n'ai pas accompli le cycle entier de mes recherches. Si je ne publiais mon travail qu'après l'avoir terminé, il faudrait, sans aucun doute, pour faire preuve de sens, donner une conclusion nette et déterminée ; mais, obligé de donner le résultat de chacune de mes études à mesure que je m'y livre, causant, pour ainsi dire, tous les jours avec le public, d'un objet auquel son importance seule l'intéresse, je dois lui faire part de mes hésitations, de mes doutes, si l'on veut même, du changement de mes opinions, car on ne cache rien à ceux avec lesquels on cherche sérieusement à s'instruire.

Qu'on se rassure toutefois : au milieu de choses encore obscures dans mon esprit, il y en a déjà plusieurs, et ce sont les principales, qui sont suffisamment éclairées, et définitivement arrêtées. Le sculpteur qui prend un bloc de marbre, après avoir longtemps médité, voit sa statue cachée dans ce bloc avant que d'y porter le ciseau. Si tous les détails ne sont pas arrêtés, les grandes lignes le sont du moins, et la statue existe dans son intelligence, bien que dans l'exécution matérielle il ait plus tard à changer, à modifier certaines parties.

J'en suis à ce point sur la question des eaux. Je l'ai assez étudiée pour que les points capitaux, du moins, soient maintenant fixés ; j'ai vu ce qui était absurde et devait être passé sous silence ; ce qui était possible mais impraticable avec les ressources de la ville et devait être rejeté ; enfin, ce qui était possible et praticable et méritait seul une exposition technique et détaillée. Car, même dans ce qu'on peut exécuter, il faut établir une comparaison critique suffisante, entre la dépense et les résultats respectifs.

En faisant ainsi une simple revue historique et critique, en procédant par voie d'élimination, mon terrain se déblaie, et la question se simplifie. Je ne vois que trois projets dignes de rester sur pied, qui doivent, par conséquent, être l'objet d'un examen plus sérieux, d'une étude plus approfondie, à l'effet de choisir entre eux après avoir pesé leurs avantages et leurs inconvéniens respectifs, ces projets sont :

Celui de M. Valz, de prendre les eaux du Gardon à Boucoiran, et de les amener à Nismes par un canal de niveau ; on pourra avoir ainsi trois à quatre cents pouces d'eau, pour cinq à six millions ;

Le projet de Delon, de restaurer l'aqueduc romain depuis le Pont du Gard, d'y élever l'eau de la rivière au moyen d'une machine mise en mouvement par le courant même, comme on l'a fait à Toulouse, et comme M. Bouchet l'a proposé pour Nismes ; on prendrait en chemin toutes les sources qu'on rencontrerait, et l'on pourrait avoir ainsi deux à trois cents pouces d'eau pour deux à trois millions.

Si la ville de Nismes ne voulait ou ne pouvait pas porter ses dépenses si haut, le dernier projet praticable, sur lequel nous donnerons quelques explications, serait de se procurer de l'eau, par une tranchée faite aux environs de Nismes, et de l'élever au moyen de la vapeur. On aurait ainsi cent pouces au moins, et probablement bien davantage, pour une dépense qui ne dépasserait pas un million, et qui pourrait rester de beaucoup au-dessous.

Quand notre travail actuel, c'est-à-dire, l'histoire

des divers projets mis en avant jusqu'à ce jour, sera terminé; si, comme nous le croyons aujourd'hui, ces trois projets sont les seuls qui survivent à notre premier examen, alors nous les étudierons avec l'attention que méritera leur importance, et pour que la ville puisse choisir entre eux, en pleine connaissance de cause, nous ferons faire, pour chacun, les plans, mesurages, devis, coupes et estimations nécessaires, par des hommes méritant la confiance publique, et dont le travail fixera définitivement l'opinion.

Après ces réflexions qui nous ont paru convenables pour éclairer nos lecteurs et les rassurer sur notre marche et nos projets, nous allons reprendre le fil ordinaire de nos expositions.

Il y a, selon nous, des eaux dans la ville de Nismes, et à proximité, qu'il serait possible d'appliquer à ses besoins, avec avantages et à peu de frais, c'est ce que nous allons tâcher de prouver d'une manière incontestable.

I.

Constitution géognostique du Sol nîmois.

Voici d'abord ce qu'en disent MM. Baumes et Vincens, auteurs de notre *Topographie*. Nous donnerons après l'opinion de M. Emilien Dumas qui, sans contredit, connaît mieux que personne, non-seulement la nature du sol de Nismes, mais les formations de tout le département.

Les auteurs de la *Topographie* disaient, en 1800 :

« Des brèches calcaires au nord du vallon, des » pouddingues caillouteux au midi couvrent le pied » de nos collines. Là où finissent ces roches récem- » ment formées commencent les argiles. La terre vé- » gétale repose sur les unes et sur les autres, et par- » ticipe de la nature de ces différentes bases.

» Les eaux, en entraînant les pierres mouvantes » des collines calcaires, ont formé à leur pied l'énor- » me banc de brèche sur lequel la plus grande partie » de la ville est assise ; on le nomme ici *cistre*. Les » fragmens irréguliers des pierres sont devenus, en » s'agglutinant, de véritables rochers dont la dureté » est quelquefois si grande, qu'il faut le pétard pour » les percer.

» Dans quelques endroits, ces brèches ou roches » remaniées sont à nu ; les pluies les ont recouver- » tes, dans d'autres, de plusieurs couches de terre » formées des débris des collines supérieures.

» Les puits nombreux de la ville, qui ne sont pas » creusés dans la terre mouvante, nous indiquent » l'ordre des couches sur lesquelles repose notre ville. » Après la terre végétale ou rapportée, provenant » en grande partie des débris de la ville romaine, et » dont l'épaisseur varie suivant les quartiers, de qua- » tre à huit pieds, on trouve une brèche assez dure » et ocracée, de trois pieds ; elle est suivie d'une beau- » coup plus tendre, d'environ une toise. — Un banc » de la même nature de roche, mais d'une plus » grande solidité, succède à celle-ci ; son épaisseur

» variable suivant la courbure du pied des collines » qui se prolongent sous terre dans la plaine, va jus- » qu'à deux toises et demie. Sous la brèche dure se » rencontre presque toujours un lit d'argile, très-cal- » caire et très-ocracé (dans la langue du pays, *tipo-* » *tapo*), qui recouvre une nouvelle brèche dure, de » quatre à cinq pouces. Enfin, au-dessous est le lit » de gravier calcaire où coule une lame d'eau. Les » pierres qui composent ce gravier, sans être arron- » dies comme les galets des rivières, sont cependant » visiblement usées par le frottement. Nous ne con- » naissons pas les couches inférieures à ce gravier. » La plus dure de nos brèches se trouve au nord-est » de la ville, où il y a en même temps moins d'ar- » gile. Le mélange d'une plus grande quantité de » terre rend la brèche plus tendre dans les quartiers » au-dessous de la Fontaine ».

Dans la partie occidentale de la ville, qui comprend le faubourg St-Laurent, l'ordre des couches n'est pas le même. Ce quartier paraît avoir été un bas fonds, où les eaux ont entraîné des collines supérieures, ou bien, où la mer a déposé une masse considérable d'argile.

« Après quatre à sept pieds de terre mouvante, » on trouve six pieds de brèche calcaire (*cistre*), » tendre, un peu tuffacée ; puis trois pieds six pou- » ces de cistre dur; puis un banc d'argile de trente » pieds ; puis une couche de deux pieds de sable » quelquefois agglutiné en forme de grès tendre et » qui offre des pleurs ou instillations d'eau ; enfin,

» encore dix-huit pieds d'argile pyriteuse, mêlée de » troncs d'arbres (1) et d'autres corps étrangers.

» Les eaux ont aussi formé au pied des collines, au » nord et au nord-est de la ville, un dépôt de sable » argileux mêlé d'un peu de mica. En descendant » vers la plaine, les bancs d'argile viennent recou» vrir la brèche calcaire (*cistre*) qui se perd, et » cette argile forme tout le fond du vallon.

» Telle est la disposition générale des couches de » notre territoire, au pied de nos collines calcaires. » On y trouve également, sous la couche végétale, » un espèce de *pouddingue*, formé de cailloux et de » sable, mais il est peu dur, on le connaît sous le nom » de *taparas*. Les argiles se retrouvent également au » pied des coteaux; elles sont un peu sablonneuses et » s'étendent dans le vallon (du midi au nord), jus» qu'au bord du Vistre qui les sépare brusquement » des argiles calcaires. Les argiles des monticules » caillouteux sont employées à fabriquer des briques » et des tuiles.

» Les eaux ont encore formé, de ce côté du ter» ritoire, des amas de sable provenant du détritus des » cailloux quartzeux ».

Voilà, selon les auteurs de la *Topographie*, quelle est la constitution géognostique du sol sur lequel notre ville est assise. Je pourrais donner ici, à la suite

(1) Ces troncs d'arbres, réduits en partie à l'état de lignite et de jayet sont d'énormes oliviers, selon la détermination de M Valz, et la mienne.

de leur opinion, celles qui me sont propres et que j'énonçai dans le cours de géologie que je fis à l'Athénée du Gard, en 1833, dont l'analyse fut imprimée la même année. Mais, comme de cette constitution géologique du sol, je veux tirer des conséquences sur la certitude qu'on a de trouver des eaux en abondance autour de la ville de Nismes, il me paraît plus convenable de fixer cette constitution du sol sur les observations des autres que sur celles qui me sont propres. Ainsi, après avoir rapporté ce qu'ont écrit les auteurs de la *Topographie*, je vais mentionner ce qu'a observé M. Emilien Dumas.

Il est presque inutile de faire observer que M. Dumas, géologue studieux et pratique, est l'autorité la plus compétente sur les points qui nous occupent, attendu que, depuis huit ans, il poursuit avec une persévérance admirable l'étude exclusive de notre département, sur lequel il va nous donner un travail consciencieux et, sans contredit, le plus complet, parfaitement au courant de la science. Quant à nos observations, elles remontent à une dizaine d'années, et ne concordent plus avec les classifications du moment. Les faits sont toujours les mêmes pourtant, et les gens qui suivent cette spécialité rectifieront facilement les différences de synonymie inévitables, au bout de dix ans, dans une science en progrès.

Voici maintenant les idées de M. Dumas :

« Nismes est situé à l'extrêmité et à la partie su-
» périeure d'un bassin tertiaire qui s'étend au sud
» jusqu'à la mer ; au-dessous, se trouve le *calcaire*

» *compacte* qui constitue les collines placées en amphithéâtre au nord de la ville, et qui plonge au-dessous du *tertiaire.* C'est ce que nous apprend, au reste, l'essai de sondage exécuté en 1839 à l'embarcadère du chemin de fer de Beaucaire, où l'on atteignit le calcaire compacte après avoir traversé vingt-six mètres de la formation tertiaire.

» Ce calcaire compacte, qui constitue les collines de la Tour-Magne et qui, de là, va recouvrir la majeure partie de l'arrondissement d'Uzès, forme l'étage le plus inférieur des terrains crétacés, récemment nommé *formation néocomienne.*

» La formation néocomienne, longtemps confondue avec les terrains jurassiques, et placée dans sa vraie position géognostique seulement dans ces derniers temps, est peu connue dans la science; elle n'a encore été étudiée que par un petit nombre de géologues, notamment par ceux du Midi.

» Elle est composée, à sa partie supérieure, de bancs puissans d'un calcaire blanc, compacte, imperméable par sa nature, mais cependant se laissant pénétrer par les eaux, à cause des nombreuses fissures verticales que les couches présentent à leur surface. Cette formation puissante n'a jamais offert à M. Dumas la plus petite couche de terrain de *transport sablonneux*; d'où il résulte que cette masse ne présentant pas de couche perméable, intercalée au milieu des couches imperméables, il n'y a pas lieu d'espérer d'y rencontrer des couches *aquifères.* » Et si le hasard faisait rencontrer une source jail-

» lissante dans cette formation (au moyen d'un son-
« dage artésien) cette eau proviendrait, non d'une
» nappe aquifère, mais bien des *boyaux* ou canaux
» étroits et sinueux dont cette formation présente de
» nombreux exemples. C'est de tels conduits souter-
» rains que sortent les eaux de la Fontaine de Nismes,
» de la Fontaine de Vaucluse et de celles d'Eure et
» d'Airan, etc, etc. (Mémoires de l'Acad. du Gard,
» 1842, pag. 220).

Que résulte-t-il de cette exposition des faits géologiques qui sont propres à notre localité? — Il en résulte, selon moi : Que les pluies qui tombent sur nos collines, en partie absorbées par les fissures des rochers, instillent dans leur intérieur jusqu'à ce qu'elles trouvent quelque grande faille, canal ou boyau, nommé *évent* (*aven*), dans le pays. Si ces failles ou canaux d'érosion sont étendus et profondément ramifiés dans la montagne, ils réunissent assez d'eau pour former une source abondante qui se dégorge dans quelque localité prévilégiée ; telle est notre Fontaine.

Une portion d'eau, absorbée par ces fissures superficielles de nos montagnes, ne trouvant pas de canal important, ou s'évapore sur place, ou vient ressortir sur leurs flancs, soit à l'air, soit entre la roche et les terrains plus récens et plus perméables qui y sont adossés. La plus grande partie de l'eau des pluies se rend dans ces terrains, mais par une autre voie. Elle ne pénètre pas dans les rochers, elle coule à leur surface, et ce n'est que dans les vallées, ou sur les flancs des collines qu'elle est absorbée par les terrains perméables qui s'y trouvent, au travers desquels elle filtre lentement.

Je reconnais donc qu'il serait peu raisonnable de chercher des sources jaillissantes dans nos roches néocomiennes, au moyen de puits forés, car il faudrait s'en remettre au bonheur et au hasard pour la découverte d'un de ces boyaux dans lesquels seuls circulent des courans d'eau puissans. Mais il n'en est pas moins vrai qu'au pied de ces montagnes et collines néocomiennes peu ou point perméables, que sur leurs flancs, que dans leurs vallées, les eaux sont reçues, recueillies, filtrées par les terrains plus récens. Si ces terrains sont assez perméables et reposent sur un fond compacte, l'eau doit se trouver presque partout, à une profondeur plus au moins considérable : c'est une des applications de la théorie de M. l'abbé Paramelle, et c'est, en effet, ce qui arrive.

Nous avons vu par les recherches de MM. Baumes et Vincens, qu'à Nismes, dans l'enceinte de la ville et tout auprès, on trouvait d'abord les décombres de l'ancienne ville, puis la terre végétale, puis un pouddingue siliceux, terrains essentiellement perméables ; sous ce pouddingue se trouve un banc d'argile. Ces faits connus, on peut dire *à priori* que, sur cette argile, on doit trouver de l'eau, mais en petite quantité, *parce qu'elle ne provient que de ce qui est fourni directement à chaque place, par la pluie.*

Creusons davantage. Au-dessous de cette première argile se trouve une brèche puissante, *détritus* des montagnes néocomiennes, puis une brèche d'argile encore. Eh! bien, sous cette brèche et sur cette seconde argile, doit se trouver de l'eau en abondance, car, au temps des pluies, toute l'eau qui tombe sur nos montagnes néocomiennes, et dont une petite partie seule est absorbée par elles, vient se tamiser dans cette brèche qui les borde, comme au travers d'un crible, ou entre la brèche et le calcaire compacte ; cette eau se dirige peu à peu vers la plaine, maintenue et conservée par la masse d'argile qui est au-dessous.

Comme cette argile est imperméable, rien ne se perd et il est inutile de chercher plus bas : l'eau ne peut descendre jusqu'au terrain néocomien lui-même dont le prolongement fait le fond solide de la vallée.

Voilà ce que les données géologiques nous portent à conclure; par les faits que nous allons citer on verra que l'observation directe prouve qu'il en est réellement ainsi.

II.

Constitution hydrique du Sol de Nismes.

D'après les auteurs de la *Topographie*, « les colli-
» nes au nord de la ville, sur lesquelles sont situées
» la Citadelle, les Bourgades et le faubourg de la *Cru-*
» *cimèle*, fournissent des sources souterraines qui
» paraissent abondantes et qui coupent ce quartier
» en divers sens. Plusieurs de ces fontaines cachées
» s'approchent beaucoup de la surface; une même,
» la *Crucimèle*, qui donne son nom au quartier, coule

» au-dehors pour peu que ses eaux s'élèvent ; elle » sert alors de lavoir public.

» Quelle que soit la disette d'eaux courantes dans » la ville de Nismes, quelque pressant besoin qu'en » aient ses manufactures importantes, quoique l'Aca- » démie de cette ville et la générosité de plusieurs » citoyens aient cherché à tourner l'attention du pu- » blic vers cet objet intéressant, on n'a fait aucune » tentative pour tirer parti de ces eaux souterraines » qui se perdent sans utilité, dont le plus bas niveau » est encore supérieur au reste de la ville, et qui, par » conséquent, pourraient former des fontaines publi- » ques dans les plus beaux quartiers.

» Les puits de cette partie haute de la ville, lors- » qu'ils sont assez creusés pour atteindre au plus bas » niveau des eaux, sont alimentés par ces sources » dont l'eau en général est très-bonne ».

Nous l'avons dit, nos collines n'absorbent qu'une partie des eaux dont les pluies les arrosent ; les brèches et les terrains meubles qui sont appliqués sur leurs flancs reçoivent l'écoulement de ces eaux pluviales, et ne s'en laissent traverser que petit à petit, ce qui forme les sources mentionnées par la *Topographie*, dans les parties hautes de la ville. Ces sources doivent être nombreuses, mais peu considérables, surtout contre les redans des collines où, par contre, elles sont plus superficielles.

Dans la partie inférieure de la ville, il faut creuser davantage pour atteindre la nappe d'eau, par la raison que d'autres terrains sont venus se superposer à la brèche ; mais aussi, l'eau est plus abondante parce que là se trouvent réunies, d'abord, l'eau de pluie tombée sur les collines, rejetée par elles et filtrée à travers ou sous la brèche ; de plus, la partie d'eau de pluie, tombée sur les collines, absorbée par leurs fissures, amenée peu à peu au dehors et jusqu'à la brèche par les accidens de la roche ; enfin, l'eau tombée directement du ciel sur les terrains meubles, filtrée par eux jusqu'à l'argile imperméable sur laquelle la brèche repose. Cette argile inclinée comme les flancs des coteaux et la vallée, conduit toutes les eaux de nos hauteurs vers le Vistre.

Revenons à ce que disent MM. Baumes et Vincens :

« Nos meilleures eaux, après celles de la Fontaine, » se trouvent dans les puits qui percent la brèche cal- » caire (cistre dur), sur laquelle repose une grande » partie de la ville.

» Au-dessous de cette roche qui exige le pétard » pour être creusée, est un lit de sable et de graviers » calcaires usés par le frottement, parmi lesquels » coule une lame d'eau excellente.

» Dès qu'on atteint cette couche, l'eau jaillit et » remonte souvent de plusieurs toises dans les puits et » s'y soutient constamment presqu'au même niveau, » quelle que soit la saison ; aussi ces puits ne taris- » sent jamais, ce qui fait présumer que le réservoir » général est plus élevé ». Nous avons vu ce qu'on devait penser sur ce point.

« A l'exception des faubourgs qui sont au couchant » de la ville, on trouve ces puits également répandus

» dans les autres quartiers, *mais principalement vis-» à-vis des pointes des collines* qui s'avancent hors » de la chaîne générale ; c'est dans le faubourg de » Richelieu et dans la partie septentrionale de celui » des Carmes, qu'ils sont le plus communs ».

Ceci demande un mot d'explication. Ce n'est pas parce que les eaux sont plus abondantes qu'on a creusé les puits *principalement vis-à-vis des pointes des collines*, car, là, l'eau doit couler en moindre quantité ; seulement, elle est plus près de la surface, parce-qu'il s'est déposé moins de terrains remaniés sur les saillans que sur les rentrans des collines ; on a donc plus de facilité à y creuser des puits qui arrivent à l'eau qui passe sous la brèche. Mais si dans une position aussi désavantageuse pour la quantité, on trouve cependant de quoi satisfaire aux besoins, combien n'en laisse-t-on pas perdre de celle bien plus abondante qui coule dans les lieux bas, dans les petits talwegs, entre les contreforts.

« La profondeur des puits est différente, suivant » que la couche de brèche qui a des inflexions très-» variées s'approche ou s'éloigne de la surface de la » terre : dans quelques endroits il a fallu creuser au-» delà de douze toises. Ces puits profonds ne se ren-» contrent jamais vis-à-vis des gorges de nos collines, » parce que les terres apportées par les eaux pluviales « dans ces endroits bas, recèlent des eaux mortes « qui remplissent bientôt par filtration les puits « qu'on y creuse, et ne permettent pas d'aller plus « avant. »

Ceci veut dire que, dans les bas fonds, et au travers des grandes masses de terrains de transport qui s'y trouvent, la pluie donne dans de petites inflexions particulières, assez d'eau pour alimenter des puits. Dès lors, on n'a pas besoin d'atteindre et de percer la brèche, pour arriver au courant qui descend des collines et dont on peut se passer.

« Les eaux des puits taillés dans la brèche dure » ont une marche indépendante de celle de la Fon» taine. La lame qui les alimente leur est particu« lière ; elle conserve dans toutes les saisons sa tem» pérature uniforme d'environ douze degrés cinq » dixièmes centigrades, et elle conserve aussi son ni» veau ; tandis que la Fontaine en croissant exhausse » considérablement le niveau des puits moins pro» fonds avec lesquels elle communique, bien que des » puits de ces deux catégories ne soient souvent sé» parés que d'un petit nombre de toises. Enfin, ce » sont ces mêmes eaux, indépendantes de la Fon» teine, qui vont former des surgeons dans la plaine » aussitôt que le *cistre*, sous lequel elles coulent, » fait place à l'argile ».

« Les Romains paraissent avoir connu la supério» rité des eaux qui coulent sous notre roche de brè« che, car, même dans les quartiers où les eaux se » rencontrent près de la surface, ils ont creusé plus » profondément, et presque tous leurs puits percent » cette brèche ».

Il est donc constaté par l'observation comme par la théorie, que, sous l'emplacement même de la ville de Nismes, il y a des eaux abondantes en deux lames superposées, l'une provenant, comme partout, de la pluie qui filtre à travers les terrains meubles, et l'autre, qui descend de nos coteaux, plus abondante, meilleure, mais aussi plus profonde, et qu'il faut, partout, aller chercher entre une brèche dure et une couche d'argile.

Je dis que ces eaux sont abondantes, car cinq cents puits, au moins, dans la ville, sont ouverts dans cette lame et ne tarissent pas. Or, quand on n'estimerait qu'à demi-pouce l'eau de chaque puits, ce serait toujours deux cent cinquante pouces d'eau qui passeraient sous leurs divers orifices ; car, qu'on ne s'y trompe pas, ces puits ne sont pas de simples réservoirs d'eau morte, et l'eau coule lentement au fond, ce qui est prouvé par sa bonté constante, et par l'inclinaison du sol de la ville, qui est suivie par le plan général du fond de ces puits ; de sorte que les margelles et les fonds, sont, en général, renfermés entre deux parallèles fortement inclinées du nord au midi. Si nous avions à faire à une nappe d'eau stagnante, il faudrait que les puits du quartier de la Porte-d'Alais, par exemple, descendissent au même niveau que ceux du quartier de l'Esplanade, ce qui n'est pas assurément. De plus, le gravier et les galets arrondis, qui se trouvent entre la brèche et l'argile, prouvent qu'il y a là un courant.

C'est donc de l'eau en mouvement, qui se trouve sous la ville, et quelque lente qu'on suppose sa marche, il n'est pas moins positif qu'il y en a une grande quantité, puisque les puits fournissent ce qui est nécessaire aux usages domestiques de la ville, et cela seulement dans le peu de temps où l'on puise. Ne pourrait-on pas prendre de l'eau plus fréquemment; ne pourrait-on pas creuser un plus grand nombre de puits, avant que tout le courant fût intercepté et puis tari? Ne conçoit-on pas que des percemens disséminés sans ordre ne peuvent prendre toute l'eau qui descend des collines, et qu'il n'y aurait qu'une tranchée continue qui permît de l'épuiser, de la mettre à profit?

Des observations consignées dans l'article qui précède, il résulte évidemment que nous sommes loin de profiter de toute l'eau qui se trouve dans l'enceinte même de la ville. Voyons si des documens aussi certains ne nous en indiqueront pas une quantité plus grande encore autour de l'enceinte de la cité.

Rappelons-nous que M. Blachier, voulant alimenter un canal de navigation, disait : « On recueil-
» lera sous l'Esplanade, avec soin, toutes les sources
» qui filtreront à travers les terres, et toutes celles
» qui coulent sous terre dans l'enceinte de la ville. Il
» est facile de juger qu'il y en a de très-abondantes ».

M. Abric, ayant fait, en 1832, un rapport au conseil municipal, sur la question des eaux, il fut amené, dans un autre but que celui que nous poursuivons, à énoncer des faits auxquels on doit avoir une entière confiance, méritée par les lumières et la considération dont jouit l'auteur, et, de plus, parce qu'on ne peut pas supposer que ces faits aient été réunis et grouppés pour le besoin de la cause. Nous allons donc les rapporter avec assurance, pour en tirer après des conséquences incontestables au profit de notre opinion.

M. Abric énonce : « Qu'un puits-à-roue complè- » tement garni de ses pots, attelé d'une mule, allant » d'un pas ordinaire, donne, terme moyen, de 240 » à 250 litres d'eau par minute, ce qui répond à 18 » ou 19 pouces fontainiers. D'un autre côté, il ré- » sulte des renseignemens fournis par divers jardi- » niers, qu'il faut seize heures d'action de ce puits-à- » roue pour arroser huit émines de jardin, soit vingt- » quatre heures pour une salmée. Il faut donc dix- » huit pouces pour l'arrosage de douze émines, ou » 27 pouces pour un hectare. Mais, comme, faute de » temps, on ne peut arroser la même partie que tous » les trois jours, c'est un courant continu de 9 à 10 » pouces que donne le puits à roue de chaque jardin » potager d'un hectare. Ils sont tous à peu-près de » cette étendue, les uns dans les autres, *et comme il » y en a environ quatre-vingts, situés entre le chemin » de Beaucaire et celui de Montpellier, ils donnent, » en résultat, huit cents pouces d'eau à la surface* ».

Si à ces huit cents pouces d'eau nous joignons les deux cent cinquante pouces d'eau fournis par les puits de la ville, nous aurons mille cinquante pouces d'eau.

Craint-on que ce résultat ne soit exagéré ? Nous réduirons à deux cents pouces le produit des puits ; à six cents, si l'on veut, celui des norias, il n'en résultera pas moins que, par des percemens faits sans ensemble, sans combinaisons, sans données scientifiques, au hasard et selon le caprice de chacun, nous extrayons cependant de notre sol, pendant la sécheresse, l'énorme quantité de huit cents pouces d'eau!..

Croira-t-on qu'on utilise tout ce que le sol peut produire? Ces puits et norias sont-ils disposés de telle sorte qu'ils interceptent actuellement, d'une manière continue et sans laisser rien échaper, *tout le courant* qui, du sommet de nos collines, marche vers la plaine du Vistre? Avons-nous épuisé toutes les eaux vives qui sont au-dessous de nos pouddingues quartzeux, au-dessous de nos brèches calcaires? Avons-nous élevé toutes les eaux immobiles dans les dépressions souterraines de nos terrains meubles? — Non, assurément, non.

Ne pouvons-nous pas faire systématiquement beaucoup plus et beaucoup mieux que ce que jusqu'ici on a fait capricieusement et au hasard? Par des travaux réguliers, ne peut-on pas demander deux cents pouces de plus à un sol qui en donne déjà mille par des travaux sans ensemble? personne, assurément, ne voudrait le nier. Ici, la probabilité équivaut à la certitude, l'évidence tombe sous les sens, et c'est tout notre système.

III.

Si des moyens que nous allons proposer on voulait obtenir tous les résultats qu'ils peuvent produire, et ramasser toutes les eaux qui se perdent sous notre sol, il faudrait :

De Bezouce, au creux de la Fontaine, à Nismes, décrire un arc de cercle de quatorze mille mètres de rayon dont la concavité serait tournée vers nos collines, et la convexité vers la plaine. Du point de départ au point d'arrivée, cet arc de cercle aurait treize mille mètres de longuenr. C'est sous cette ligne idéale qu'il faudrait intercepter les eaux. Dans l'exécution, on s'en rapprocherait autant que possible, en suivant les chemins communaux qui sillonnent la banlieue. Comme ces chemins ont un parcours moins régulier, et, par suite, plus long qu'une ligne tracée au compas, j'admets que les travaux auraient quinze mille mètres de longueur au lieu de treize.

Je suis les chemins communaux, et je ne traverse pas les propriétés particulières, pour éviter les difficultés, les longueurs, les frais de nombreuses expropriations et le montant, surtout, des terrains qu'il faudrait acquérir pour emplacer les travaux. Il n'y aura donc nulle dépense d'achat à faire, on n'aura que les ouvriers à payer.

Sous les terrains communaux que je viens d'indiquer, on creuserait une tranchée, ou fossé, de trois mètres de profondeur en partant du fond du ruisseau de Bezouce, et arrivant sous l'Esplanade à dix mètres au-dessous du sol. Cette tranchée étant au sud de la ville au niveau du fond des puits à roue de la plaine les plus creusés, coupera nécessairement toutes les nappes d'eau qui s'y trouveront, interceptera tous les courans qui descendent des collines, et les réunira au pied de l'Esplanade.

De là, notre tranchée devra être continuée de niveau, ou seulement avec la pente nécessaire pour que l'eau la suive, jusqu'au chemin de Montpellier, au Cours Neuf, et, enfin jusqu'à la Fontaine, un des points les plus élevés de la ville.

A ce point d'arrivée, les eaux seront reçues au fond du puisard récemment creusé dans le roc, près de la source, au-dessus duquel des pompes ont été établies. Ces pompes prendraient ces eaux nouvelles, et les élèveraient soit au niveau de notre belle source, qui verrait, ainsi, doubler son volume, soit plus haut, si on le désirait, pour le service des quartiers supérieurs de la ville.

Rien de plus économique et de plus simple assurément que ce projet, et rien de plus sûr que sa réussite, car, le Pont-du-Gard est deux fois, et Boucoiran trois fois plus éloigné de Nismes que Bezouce; nous sommes sûrs de trouver l'eau qu'il nous faut, le raisonnement et l'expérience nous le prouvent; nous n'avons pas de terrains à acheter, d'expropriations à faire, d'oppositions à vider; enfin, dans la ville même, nous ne changeons rien au régime des eaux, aux distributions; point de canaux à faire, nous nous servons même d'un puisard et de pompes qui existent, auxquels nous donnons un emploi utile, alors qu'ils n'en ont pas. Je vois, clairement, dans toutes ces circonstances, pourquoi mon projet ne doit coûter que le cinquième ou le tiers de ce que coûterait chacun des deux autres.

Ainsi, nous pouvons trouver l'eau qui nous est nécessaire, autour de nous; nous pouvons réunir et élever, sans nuire à personne, cette eau maintenant sans emploi Tout nous prouve que nous pourrions obtenir deux cents pouces d'eau, sans aller bien loin, et que, si nous voulions nous borner à cent, quantité qui pourrait bien nous suffire, nous n'aurions pas à conduire notre aqueduc plus loin que de la Fontaine au chemin de Beaucaire, ou, tout-au-plus, jusqu'à la hauteur de Marguerites.

Cependant, contre notre conviction et celle de beaucoup de personnes sensées (1), et pour faire à nos opinions la position la plus défavorable possible, supposons qu'il faille parcourir tout le chemin que nous avons d'abord indiqué ; supposons qu'il faille ouvrir une tranchée et y bâtir un aqueduc de Nismes à Bezouce, quels seront, à boulevue, les travaux à exécuter? Quelle en sera la dépense?

Sur quinze mille mètres de longueur, il faudra faire une tranchée d'une profondeur moyenne de huit mètres et d'une largeur de deux. Chaque mètre, courant, obligera à seize mètres cubes de déblais ! ce sera donc deux cent quarante mille mètres cubes de déblais à faire. Si nous en mettons le prix moyen à deux francs, vu que la plus grande partie sera dans un terrain meuble, ce sera une dépense de quatre cent quatre-vingt mille francs.

L'aqueduc maçonné et voûté, qui sera construit dans cette tranchée, aura quinze mille mètres de longueur, un mètre dans œuvre, et deux mètres de hauteur : en l'estimant, pavé compris, à vingt-cinq

(1) M. Rey pense que le puits à roue de M. Renaud, qui est sous l'Esplanade, est inépuisable et fournirait, à lui seul, presque toute l'eau dont la ville a un besoin réel.

francs, le mètre courant, on aura une dépense de trois cent soixante-quinze mille francs, et en estimant à cent quarante mille francs la remise des terres en place ou les dépenses accessoires et imprévues, on aura, pour un million de francs. autant d'eau qu'il en faudra, rendue à côté de la source de la Fontaine à quinze ou vingt mètres en contre-bas.

On n'oubliera pas que je n'adopte, ici, que les nombres et les conditions extrêmes; ainsi, il est fort possible, et pour moi presque sûr, qu'on obtiendrait, comme je l'ai déjà dit, ce qu'on désire, en allant, tout-au-plus, à la moitié du chemin, ce qui réduirait, tout de suite, la dépense dans la même proportion.

Il est possible que, du bas de l'Esplanade, on n'eût besoin de pousser l'aqueduc explorateur et afférent, que jusqu'à la hauteur de Rodilhan, ce qui réduirait, tout de suite, la dépense au tiers de l'estimation générale. Je pense donc, que c'est dépasser toutes les limites du probable, que d'indiquer, comme je l'ai fait, le chiffre d'un million.

Je ne prétends pas donner un projet étudié, mais de simples idées que le temps et l'exploration rendront plus positives, mais il ne m'en semble pas moins déjà incontestablement prouvé par tout ce qui précède :

1° Qu'il y a de l'eau en abondance à proximité de Nismes; les sources visibles, les courans souterrains connus, les puits, les norias existans, et ce que le raisonnement a le droit de conclure de tous ces faits, le prouvent surabondamment;

2° Que notre projet éprouvera beaucoup moins d'entraves, de lenteurs et de difficultés que tout autre; qu'il coûtera surtout beaucoup moins d'argent;

3° Qu'il convient d'en faire une étude régulière et complète, et que la ville devrait essayer des tranchées d'expérience sur deux ou trois points du parcours de l'aqueduc proposé;

4° Qu'il est très-probable qu'on obtiendrait, sans aller bien loin, la quantité d'eau désirée. Si dans notre proposition nous avons poussé la tranchée jusqu'à Bezouce, ça été pour qu'il n'échappât rien des sources du Vistre, que nous interceptons, dans les vallées de Bezouce, de Cabrières et de Roque-Courbe.

5° Enfin, que si une tranchée, moins longue ou moins profonde que celle que nous avons proposée comme *maximum*, donnait une quantité d'eau suffisante, il serait inutile de creuser plus bas ou plus loin, et l'on pourrait économiser, ainsi, beaucoup sur la dépense prévue.

Quelques essais pourraient fixer l'opinion sur tous ces points.

Ici, se bornera mon travail, pour quelques tems, avant que je passe au côté du *Nord*, pour examiner les projets de *dérivation des eaux du Gardon.* Si pour terminer, je reporte un instant ma pensée sur les trois projets que j'ai déclarés seuls praticables, savoir : la dérivation du Gardon, pris à Boucoiran; la restauration de l'aqueduc Romain, depuis le Pont du Gard; ou les eaux ramassées et prises dans la vallée du Vistre, et si je me demande, la main sur la conscience, duquel de ces trois projets je dois conseiller à la ville de Nismes l'adoption definitive, tout bien considéré et me plaçant au-dessus de tout amour propre d'auteur, je réponds :

Dans son état actuel, Nismes ne peut pas dépenser six millions, ni même cinq; le projet de M. Valz doit donc être abandonné indéfiniment, pour le seul motif de la dépense, quelque masse d'avantages qu'il présente d'ailleurs.

Malgré l'économie du projet que je mets en avant, je pense que la ville *fera bien de le rejeter aussi*, car je crois que la restauration de l'aqueduc romain produira de plus grands avantages, et qu'en s'imposant des sacrifices proportionnés, mais possibles, on parparviendra à la réaliser, ce qui sera, pour nous, autant une source de gloire que de prospérité.

Toutesfois, si l'on ne veut pas, si l'on ne peut pas dépenser trois millions pour cette restauration de l'aqueduc antique et les accessoires, qu'on l'avoue franchement ; alors, il n'y aura pas d'autre parti à prendre que d'adopter un projet que j'ai conçu et indiqué dans cette prévision seulement, car je reconnais la supériorité des deux autres projets sur le mien, *si l'on fait abstractionde la dépense.*

Au reste, il est possible que des études plus approfondies apportent quelque modification à mon opinion sur ce point ; s'il en est ainsi, je m'empresserai de le dire, car je ne cherche et ne veux proclamer que ce qui doit être utile à la cité, sans aucune vue d'amour-propre ou d'intérêt personnel.

NOTES ET ÉCLAIRCISSEMENS.

NOTE PREMIÈRE.

Le 3 septembre 1842, j'ai rencontré fortuitement M. l'abbé Paramelle, à Nismes, et j'ai passé la soirée avec lui. Il m'a dit qu'il acceptait, comme conforme à ses idées, tout ce que j'avais avancé sur son système ; que, seulement, les points fondamentaux posés, il resterait à donner les développemens et les explications de détail nécessaires pour faire accepter ces bases et prévenir les objections. Il m'a dit qu'il publierait bientôt sur sa doctrine, un ouvrage complet, où il déposerait le résultat de ses réflexions et de sa grande expérience.

Je l'ai consulté sur deux points qui intéressent la ville de Nismes :

Le premier, s'il ne croyait pas que, de St-Gervasy au *Pont-du-Gard* il existât des sources qu'il pourrait indiquer ;

Le second, s'il ne pensait pas que dans la plaine, au midi de Nismes, il existât une masse d'eau suffisante pour satisfaire à tous les besoins de la ville, une fois qu'on aurait élevé cette eau par des moyens mécaniques.

M. Paramelle m'a répondu : que si, dans son exploration, il s'était arrêté près de St-Gervasy, c'était seulement pour ne pas trop s'éloigner de Nismes ;

Qu'il aurait poussé plus loin, s'il avait réfléchi que l'existence de l'aqueduc romain devait faire considérer toutes les sources, jusqu'au Pont-du-Gard, comme en quelque sorte à la même distance de la ville, à cause de la facilité d'en profiter pour les y conduire ;

Qu'aucune des personnes qui l'accompagnaient n'avaient attiré son attention sur cette circonstance, mais qu'il ne doutait pas que de St-Gervasy au *Pont-du-Gard*, il n'y eût de nouvelles sources à indiquer, dont il s'occuperait au reste quand on le voudrait.

Je pense que, quand on aura fouillé pour les deux sources que M. l'abbé Paramelle a déjà indiquées, si on vient à les rencontrer et si la confiance publique se fortifie par ce résultat, il sera du devoir de l'administration de rappeler l'explorateur, pour qu'il remplisse les lacunes que j'ai signalées dans ses recherches et sur lesquelles il est tombé d'accord avec moi.

Relativement à ma seconde demande, M. l'abbé Paramelle m'a dit : qu'il pensait, comme moi, que toute la plaine au midi de Nismes couvrait une grande masse d'eau ; que si l'on voulait s'en procurer avec des machines, il n'était pas nécessaire d'aller la chercher plus loin, et qu'une simple tranchée à profondeur suffisante, de Nismes vers Caissargues, en amènerait plus qu'il n'en faudrait....

Ainsi donc, si l'on ne veut pas dépenser plus d'un million, il faut adopter le système de la tranchée et des pompes placées à Nismes même. Je me félicite de pouvoir ajouter à ma faible opinion, le poids de celle d'un homme aussi exercé que M. Paramelle.

Si, comme il l'indique, la tranchée coupe la plaine perpendiculairement dans la direction de Caissargues, *elle sera plus courte, mais plus profonde*, parce qu'on n'interceptera les eaux qu'au point le plus déclive du sous-sol imperméable de la vallée.

Si, au contraire, on adopte mon tracé, *la tranchée sera plus longue, mais moins profonde*, parce qu'on saisira les eaux, dans la vallée aussi, mais au pied souterrain des collines dont elles viennent, avant qu'elles aient couru jusques au talweg du sous-sol imperméable de la plaine entre Nismes et Caissargues : on les aura donc à un niveau supérieur ; on peut choisir.

NOTE SECONDE.

Lorsque dans mon article du 26 juillet dernier (*vid*. pag. 93 et 94), j'annonçai, qu'au nord-ouest de Nismes il existait des sources abondantes qui pourraient y être amenées, je donnai la quantité d'eau qu'elles produisaient d'après mon exploration du 22 mai précédent. Toutefois, pensant bien que l'été en diminuerait considérablement le volume, je me réservai, dans l'intérêt de la vérité, de les explorer de nouveau en août ou septembre, et c'est un devoir que je viens de remplir.

Le 22 mai 1842, la source de Vaquerolle fournissait, en pouces fontainiers, environ 6
La source de la Barbin 84
La source de St-Pierre-de-Vaquière, vulgairement appelée des Joncs 240
Celle du Mas-Guiraud 5

En total, pouces 335

qu'on pouvait parfaitement utiliser pour Nismes, à cause de la grande hauteur de ces sources qui surgissent plus haut que le sommet de la *Tour-Magne*.

Dans mon exploration d'été (3 septembre 1842), j'ai vu qu'il fallait extrêmement rabattre de ces produits.

La source de Vaquerolle ne donnait plus qu'environ, pouces 3
Celle de la Barbin 5
Celle de St-Pierre-de-Vaquière ou des Joncs 25
Celle du mas Guiraud 2

Il ne restait donc que pouces...... 35

L'été actuel n'ayant pas été très-sec, toutes les sources se soutenant à un état d'étiage moyen, il est prudent de penser que dans des années de sécheresse extrême, comme le furent 1819 et 1839, le produit réuni de ces sources ne serait pas de plus de vingt pouces.

Dès-lors, la ville de Nismes ne doit pas s'adresser de ce côté pour la satisfaction de ses besoins, et parmi les projets possibles, c'est un de plus à rejeter, un de moins dont nous aurons à nous occuper dans la discussion sérieuse et définitive que nous aurons à vider entre le nombre très-restreint des projets qui résisteront à une première critique, qui ne s'écrouleront pas devant les premières investigations.

S'il ne fallait à Nismes que vingt pouces d'eau, ou si l'on ne pouvait en trouver ailleurs davantage, ces sources ne seraient pas à dédaigner; mais Nismes ne doit entreprendre de grands ouvrages que pour se donner, au moins, une centaine de pouces qu'il n'est pas impossible de trouver dans le voisinage : c'est à ce besoin réel qu'il faut donc tout d'abord satisfaire.

Si, après cela et dans l'avenir, les finances de la ville étaient assez prospères pour qu'on songeât à des dépenses de luxe, on pourrait s'occuper alors des eaux de St-Pierre-de-Vaquière, qui fourniraient des cascades admirables, depuis la Tour-Magne jusqu'au Nymphée, et pourraient même alimenter quelques tuyaux pour les quartiers les plus élevés de la ville où d'autres eaux ne peuvent parvenir.

M. Valz, qui se trouvait accidentellement à Nismes, a bien voulu m'accompagner dans cette exploration, et nous avons fait ensemble l'estimation des eaux.

NOTE TROISIÈME.

Comme à la fin de l'été je m'étais senti obligé de vérifier l'état des sources que j'avais observées au mois de mai, au nord-ouest de la ville, j'ai pensé que je devais aussi vérifier l'état de celles de l'Est que j'ai indiquées en détail, et recommandées sur l'autorité de Delon, car, dans la position que je me suis donnée, mon devoir, autant que je le puis, est de tout voir par moi-même, de tout soumettre à une critique exacte et consciencieuse, afin que mon travail acquière, peu à peu, l'autorité que je lui désire.

J'ai donc proposé à quelques personnes une exploration détaillée de l'aqueduc romain, et de tout ce qui pouvait anciennement s'y rattacher depuis Nismes jusqu'au *Pont-du-Gard :* celles avec qui je pouvais faire cette course de la manière la plus agréable et la plus utile ont entendu mon appel, et, le 23 septembre, je suis parti de Nismes, avec M. Auguste Pellet, bien connu par ses travaux sur nos antiquités; avec M. Benjamin Valz, depuis si longtemps dévoué à la question des eaux, et avec M. Bernard Brice, ancien capitaine au corps royal des Ingénieurs géographes, dont les connaissances spéciales pourraient être infiniment utiles à la solution du problème qui nous occupe.

Il serait trop long de donner, dans une simple note, le détail de nos explorations : je me borne à dire que, dans le trajet de Nismes à Bezouce, je commencais à regarder comme erronées les indications de Delon, et à désespérer des sources qu'il énumère.

Plusieurs de ces sources sont insignifiantes, d'autres complètement à sec, pendant les grandes chaleurs; il en est qui, évidemment, n'ont jamais été conduites à l'aqueduc romain, d'autres qui ne peuvent s'y rendre. Il faut donc compter sur cet auxiliaire beaucoup moins que ne le faisait Delon, qui en a visiblement exagéré les produits.

Mais, quand on arrive à Bezouce, la scène change, et j'ai été agréablement surpris de la quantité d'eaux vives que j'ai observées dans l'aqueduc et dans ses environs, de là jusqu'à Sernhac; mes compagnons de voyage ont éprouvé le même sentiment. D'après ce que j'ai vu je ne doute pas que, si l'aqueduc était déblayé et réparé, de Sernhac à Nismes, il n'amenât constamment une belle quantité d'eau.

Si cette quantité ne suffisait pas, il y aurait plusieurs moyens de la porter au point convenable : l'on pourrait, de tout l'aqueduc faire un réservoir, selon l'idée ingénieuse de M. Valz ; l'on pourrait, comme réservoir plus vaste encore, fermer et rétablir l'ancien étang de Lognac, comme je l'ai déjà indiqué, et comme j'ai le dessein d'en faire la proposition formelle.

Enfin, si, ce qui me semble impossible, ces moyens ne suffisaient pas, on trouverait toujours le Gardon au Pont-du-Gard, pour y puiser le complément nécessaire; mais on n'aurait certainement besoin d'y recourir qu'à de longs intervalles de dix à vingt ans peut-être, et seulement pendant quelques jours de la fin de l'été.

Honneur donc à Delon, malgré son enthousiasme et ses promesses exagérées; il a retrouvé pièce à pièce notre antique aqueduc, il a prouvé son heureuse conservation, il a démontré qu'il renfermait encore des eaux précieuses, il a soutenu les avantages de sa restauration.

Honneur à M. Valz qui a repris toutes les explorations de Delon, avec le même dévouement, mais avec infiniment plus de science. Après avoir étudié, dans toutes les directions, les moyens possibles d'amener des eaux à Nismes, il a géométriquement reconnu et fixé le parcours de l'aqueduc romain que Delon n'avait tracé que d'une manière grossière et avec de grandes erreurs; rappelant l'attention publique sur ce monument, il a savamment calculé l'usage qu'on peut encore en faire, tout le bien qu'on peut en attendre.

Mais les idées de M. Valz sont encore susceptibles d'une heureuse extension : il ne prend que l'aqueduc lui-même pour réservoir ; j'y veux joindre l'ancien étang de Lognac. En fermant le percé qu'on pratiqua pour le vider, en le transformant en bassin d'alimentation, comme ceux de St-Ferréol et de Lampy, on se créerait une ressource immense.

Si l'on formait, dans cette vallée, une réserve d'un million de mètres cubes des eaux d'hiver qui se perdent maintenant sans profit, la ville de Nismes trouverait là, pendant l'été, les eaux qui lui manquent, et qui lui venaient jadis. Malgré le dessèchement de l'étang, on trouve encore dans les environs, comme l'avaient dit Delon et M. Valz, et comme nous l'avons observé de nouveau, beaucoup de sources ou de puisards dont on arrose douze ou quinze jardins, et qui ne tarissent pas en été!.....

Je donne, dans cette brochure, le plan de l'aqueduc romain, de Delon, quoique informe, pour que ses indications ne risquent pas de se perdre.

Je donnerai prochainement, dans le même format, un plan géométrique réduit du grand plan que M. Valz a dressé quant il s'occupait sans relâche de l'étude de l'aqueduc. On pourra compter sur son exactitude.

M. le Capitaine Bernard nous a promis de s'occuper d'une carte spéciale et complète du parcours de l'aqueduc. M. Valz n'en a fait que la planimétrie; M. Bernard nous promet d'y joindre les relèvemens, les formes, les accidens du terrain; quand cette carte sera faite, chacun pourra avoir un tableau exact de notre antique aqueduc et de la contrée qu'il parcourt; avec ce seul guide on pourra le suivre et l'étudier, il sera bientôt généralement connu.

NOTE QUATRIÈME.

Curieux de savoir si l'estimation des travaux de mon projet, faite par un homme de l'art, s'éloignerait beaucoup de la mienne, j'ai fourni les dimensions à un homme habile et modeste, qui m'a prié de ne pas le nommer, et voici la Note qu'il m'a remise.

Avant-projet d'un Canal pour obtenir des eaux à Nismes.

Les travaux à exécuter consistent en un aqueduc voûté, ayant intérieurement un mètre de largeur sur deux mètres de hauteur et une longueur totale de quinze mille mètres.

Pour établir cet aqueduc, il faudra faire un déblai de quinze mille mètres de longueur sur deux mètres de largeur et dix mètres de profondeur moyenne, (je n'ai calculé moi que sur huit mètres), produisant un volume de trois cent mille mètres cubes, dont par l'étude indirecte du terrain on peut supposer :

Un quart en terre végétale, gravier peu adhérent, sable compact et pierraille. (1re espèce).

Un quart terre dure, rocaille adhérente, et gravier compact uni par un gluten. (2e espèce).

Un quart rocher tendre s'exploitant au pic et à la pince sans emploi de poudre. (3e espèce).

Et un quart de rocher dur s'exploitant à la mine seulement. (4e espèce).

Dans cette hypothèse, l'estimation des travaux est la suivante :

75,000 mètres cubes terre,	nº 1,	à 0 f.	66....	49,500 f.
75,000 *id.*	nº 2,	à 0	95....	71,250
75,000 *id.* rocher au pic,	nº 3,	à 2	20....	165,000
75,000 *id.* rocher à la mine,	nº 4,	à 3	89....	291,750
		Total des déblais..........		577,500

Maçonnerie.

Les murs et la voûte ayant 0,50 c. d'épaisseur, chaque mètre courant comprend 3 m. 17 c. de maçonnerie, ce qui fait pour quinze mille mètres de longueur, 47,670 mètres cubes de bâtisse, lesquels, à 4 fr. 92 c.

Raport des déblais	577,500 f.	00 c.
Valent deux cent trente-quatre mille cinq cent trente-six francs quarante centimes pour la bâtisse....................................	234,536	40
Pavés, quinze mille mètres carrés à 60 c...	9,000	00

Remblais

Le volume total des déblais est de 300,000 m.

A déduire, 1º maçonnerie...	47,670	83,520
2º Vide de l'aqueduc, 2,39×15,000 —.......	35,850	
Reste.......		216,480

Lesquels 216,480 mètres cubes de remblais à 20 cent............................	43,296	00
Indemnités pour supplément de terrains, dépôts de matériaux, passages.............	50,000	00
Travaux imprévus....	33,667	60
Frais d'étude, plans, devis, direction des travaux, etc..........................	50,000	00
Total de la dépense......	1,000,000	00

Sous-details estimatifs.

N° 1. *Sous-détail du prix d'un mètre cube déblai de la 1re espèce.*

Piochage, fouille et chargement, 1/6 de journée, à 1 fr. 50.	00	25
Transport à 50 mètres, 1/10 à 1 fr. 50.	00	15
Montage. — Un manœuvre, agissant sur une manivelle, exerce un effet moyen de 8 kilog., avec une vitesse de 0 m. 75 par seconde; — produit un effet utile de 6 kilog. par seconde, ou 172,800 kilog. par journée de 8 heures. En comptant pour 2 la pesanteur spécifique de ces déblais, on trouve qu'un homme peut élever en un jour, 8 m. 600 cubes de ces déblais, à 10 m. de hauteur. Le prix de la journée étant d'un fr. 50, il en coûtera donc 0 f. 17 pour chaque mètre cube de déblai élevé à 10 m., ci	00	17
	00	57
Frais d'outils, conduite, etc., 1/20	00	3
Bénéfice de l'entrepreneur, 1/10	00	6
Prix d'un mètre cube	00	66

Nota. Si le montage paraît à un prix trop faible, qu'on réfléchise que, par erreur, on a compté comme si tout était monté de dix mètres, tandis qu'on va depuis 0 m. jusqu'à 10 mèt., ce qui compense, et au-delà.

N° 2. *Sous-détail du prix de déblai d'un mètre cube de la seconde espèce.*

Piochage, fouille et chargement, 1/3 de journée à 1 fr. 50	00	50
Transport à 50 mètres, 1/10 de journée, à 1 f. 50	00	15
Montage à 10 m., comme au n° 1	00	17
	00	82
Conduite, frais d'outils, etc., 1/2	00	4
	00	86
Benéfice de l'entrepreneur 1/10	00	9
Prix d'un mètre cube	00	95

N° 3. *Sous-détail du prix de déblai d'un mètre cube de la troisième espèce.*

Extraction au pic et à la pince et chargement...	1	50
Transport à 50 mètres........................	00	15
Montage, à raison de 6 m. cubes, élevés en un jour à 10 m. de hauteur, soit 1/6 de journée, à 1 f. 50.	00	25
	1	90
Frais d'outils, conduite, etc....................	0	10
Bénéfice de l'entrepreneur, 1/10..............	00	20
Prix d'un mètre cube..	2	20

N° 4. *Sous-détail du prix de déblai d'un mètre cube de la quatrième espèce.*

Extraction { 2/3 journée de mineur, à 3 fr........	2	00
Extraction { 1/6 de manœuvre, à 1 fr. 50.........	00	25
Chargement et transport à 50 m...............	00	20
1/3 de kilog. poudre de mine, à 2 fr...........	00	67
Montage à 10 m., comme au n° 3............	00	25
	3	37
Frais d'outils, conduite, 1/20................	00	17
Bénéfice de l'entrepreneur, 1/10.............	00	35
Prix d'un mètre cube......	3	89

N° 5. *Sous-détail du prix d'un mètre cube de moellons provenant des déblais, mis en réserve pour les constructions de maçonneries, non compris l'extraction.*

Choix et dégrossissement des moellons..........	00	40
Emmétrage..................................	00	15
Prix d'un mètre cube...	00	55

N° 6. *Sous-détail du prix d'un mètre cube de sable.*

Fouille, choix et ramassage..................	00	20
Passage à la claie ou lavage..................	00	20
Chargement	00	10
Transport à mille mètres, moyenne...........	00	60
Prix d'un mètre cube.......	1	10

N° 7. ***Sous-détail du prix d'un mètre cube de chaux vive.***

Achat au four, 3 fr. les 240 kilog., ce qui fait 10 fr. le mètre cube, ci.	10	00
Chargement..	00	15
Transport, en moyenne, à 2,000 mètres.	1	00
Prix du mètre cube.	11	15
Cette chaux, foisonnant dans le rapport de 100 à 125, le prix de la chaux éteinte reviendra à	8	92

N. 8. ***Sous-détail du prix d'un mètre cube de mortier de chaux et sable.***

0 m. 50 cubes de chaux éteinte, à 8 fr. 92. (n° 7).	4	46
0 m. 75 cubes de sable, à 1 fr. 10. (n° 6).	00	83
Extinction de la chaux et façon du mortier.	1	10
Prix du mètre cube.	6	39

N. 9. ***Sous-détail du prix d'un mètre cube de maçonnerie avec mortier de chaux et sable.***

Un mètre cube de moellons. (n° 5).	00	55
1|3 de mètre cube de mortier. (n° 8).	2	13
Façon 1|3 de journée de maçon, à 2 fr. 50.	00	83
Service, approche de matériaux, une 1|2 journée de manœuvre à 1 fr. 50.	00	75
	4	26
Frais d'outils 1|20.	00	21
Bénéfice de l'entrepreneur 1|10.	00	45
Prix d'un mètre cube.	4	92

N° 10. ***Sous-détail d'un mètre carré de pavé.***

1|5 de mètre cube moellons (n° 5).	00	11
1|10 de mètre cube de sable (n° 6).	00	11
Piochage, approche des matériaux, emploi du sable; 1|12 de journée de paveur, à 2 fr. 50.	00	23
Battage et service 1|30 de journée de manœuvre.	00	05
	00	52
Frais d'outils, etc., et 1|20.	00	03
Bénéfice de l'entrepreneur 1|10.	00	05
Prix d'un mètre carré.	00	60

Cette Note m'a été fournie lorsque déjà j'avais fait mon estimation à boulevue, et je n'ai rien changé ni à l'une, ni à l'autre; elles se rapprochent cependant assez pour donner au résultat une double garantie.

FIN DE LA PREMIÈRE PARTIE.

NISMES. — TYP. BALLIVET ET FABRE
RUE DE L'HÔTEL-DE-VILLE, 11.

www.ingramcontent.com/pod-product-compliance
Ingram Content Group UK Ltd.
Pitfield, Milton Keynes, MK11 3LW, UK
UKHW020251180726
13839UKWH00001B/282